हैप्पी कपल्स क्लब

हैप्पी कपल्स क्लब

डॉ. अबरार मुल्तानी

फंडा
unda
राधाकृष्ण प्रकाशन का उपक्रम

ISBN : 978-93-91950-44-6

मूल्य : ₹199

पहला संस्करण : 2022

राधाकृष्ण प्रकाशन का उपक्रम

प्रकाशक
राधाकृष्ण प्रकाशन प्राइवेट लिमिटेड
जी-17, जगतपुरी, दिल्ली-110 051

शाखाएँ : अशोक राजपथ, साइंस कॉलेज के सामने, पटना-800 006
पहली मंजिल, दरबारी बिल्डिंग, महात्मा गांधी मार्ग, प्रयागराज-211 001
36 ए, शेक्सपियर सरणी, कोलकाता-700 017

वेबसाइट : www.radhakrishnaprakashan.com
ई-मेल : info@radhakrishnaprakashan.com

मुद्रक
बी.के. ऑफ़सेट
नवीन शाहदरा, दिल्ली-110032

HAPPY COUPLES CLUB
by Dr. Abrar Multani

यह पुस्तक समर्पित है उन सभी रूमानी प्रेमी
युगलों को जिन्होंने दुनिया में प्रेम का अस्तित्व
क़ायम रखा और इसे जन्नत का एक बग़ीचा
बना दिया। उनके बीच सच्चा प्रेम न होता तो
यह दुनिया नरक का रेगिस्तान बन जाती!

क्रम

प्रस्तावना

यह पुस्तक एक सार्थक प्रयास है, प्रेम और विवाह को समझने का।

प्रेम एक रहस्यमय सत्य है परन्तु साथ ही यह अपरिभाषित भी है क्योंकि जो परिभाषित हो, वह प्रेम नहीं, गणित का कोई प्रश्न है। यह वह दिव्य अहसास है जो अपने अनसुलझे रहस्य के कारण अजर-अमर है। मनुष्य कहलाने की पहली शर्त ही है एक प्रेमल हृदय का होना। प्रेम का जुगनू ही अमावस्या की स्याह रात को चुनौती देता है।

दरअसल तमाम संस्थाएँ प्रेम के विरुद्ध केवल इसलिए हैं कि प्रेम एक तार्किक दृष्टि देता है, सत्य को समझने का अवसर देता है और तमाम खापनुमा संस्थाएँ इसी प्रकाश से डरती हैं। वे अँधेरे के राजा हैं। प्रेम का प्रकाश सतह के पार देखने की क्षमता देता है।

विवाह एक गुरिल्ला युद्ध है। आक्रमण करके कमज़ोरियों के

पहाड़ के पीछे छुपा जा सकता है। विवाह की रसायनशाला में दोनों व्यक्ति बदलते हैं और इस परिवर्तन को आत्मसात करने से ही रिश्ता मज़बूत होता है।

—जयप्रकाश चौकसे

यह पुस्तक क्यों लिखी गई?

जापानी टूरिस्टों में 'पेरिस सिंड्रोम' नामक एक विचित्र रोग पाया जाता है। इस रोग से पीड़ित व्यक्ति में डिप्रेशन एवं मतली के लक्षण उभरते हैं। इसकी वजह यह होती है कि उन्हें पेरिस उतना सुन्दर एवं रोमांटिक नहीं लगा जितना कि उन्होंने उसके बारे में सोचा था। उनके मन के उद्वेग शान्त नहीं हो पाते या उनका मस्तिष्क स्वीकार ही नहीं कर पाता कि पेरिस इतना सुन्दर एवं रोमांटिक नहीं है। उनके मन में पेरिस को लेकर अत्यधिक उम्मीदें थीं या उम्मीदें पैदा की गई थीं जो पूरी नहीं हुईं। टूरिस्टों की उम्मीदें टूटीं और वे रोगी बन गए। वे रोगी होने से बच सकते हैं यदि वे पेरिस की वास्तविकता स्वीकार करना सीख लें तो।

स्त्री-पुरुष का प्रेम एवं उसके बाद विवाह भी कई युगलों के भ्रम को तोड़ देता है या उन्हें विवाह की वास्तविकता झकझोर कर रख देती है। वे हक्के-बक्के रह जाते हैं यह देखकर कि विवाह के बाद की ज़िन्दगी उतनी काव्यमय या रूमानी नहीं है जितनी उन्होंने सोच रखी थी। सपनों का

राजकुमार या राजकुमारी अब उन्हें सिर्फ़ परीकथा की पात्र लगने लगती है।

विश्व के लगभग आधे या पचास प्रतिशत युगलों का विवाह तलाक़ के रूप में समाप्त हो जाता है। वे फिर ज़िन्दगी भर अकेले रह जाते हैं या फिर नए साथियों की खोज में लग जाते हैं। कई लोग नये जोखिम लेने से डरते हैं इसलिए शुरुआत ही नहीं करते और कुछ नई शुरुआत के बाद फिर वही लड़ाई-झगड़ा करने लगते हैं और फिर तलाक़ या जीवनभर का कारावास भुगतना शुरू कर देते हैं।

सच पूछिए तो विवाह की प्रेम के आधार पर सफलता की दर विश्व भर में बेहद कम है। विवाह को बनाये रखने के लिए कई युगलों की अपनी-अपनी मजबूरियाँ हैं, जैसे—बच्चे, सामाजिक परिदृश्य, नए जोखिम का भय आदि।

लेकिन यह भी सच है कि विवाह बाद प्रेम को कायम रखा जा सकता है। बस आवश्यकता है तो एक तथ्य स्वीकार करने की और वह तथ्य है—'स्त्री और पुरुष अलग-अलग हैं।'

स्त्री-पुरुष एक-दूसरे से भिन्न हैं, उनकी शारीरिक बनावट, मानसिकता, वैचारिकता, जैव-वैज्ञानिक विकासक्रम आदि सभी भिन्न हैं। न स्त्री-पुरुष से बेहतर है और न पुरुष-स्त्री से आला, न पुरुष बदतर है और न स्त्री कमतर-बस वे तो अलग हैं और कुछ नहीं।

इस वास्तविकता को यह पुस्तक आपको समझाएगी और आपके प्रेम और सम्बन्धों को प्रगाढ़ बनाएगी, उनमें मधुरता एवं जीवन का संचार करेगी। आपके घर एवं जीवन को रूमानी बनाएगी और इस ज़िन्दगी को जीने लायक–वैसी ही जैसी आपने विवाह के पूर्व सोची थी।

प्रेरणा

'मियाँ-बीवी एक-दूसरे का लिबास हैं।'

—पवित्र कुरआन (सु.-1, आ.-187)

पति-पत्नी के रिश्ते की इससे सुन्दर व्याख्या नहीं हो सकती। लिबास या पोशाक जिस्म ढकने के काम आता है। यह हर मौसम और बाहरी वातावरण से हमारे शरीर की रक्षा तो करता ही है, साथ ही हमारे ऐब या कमियाँ ढककर हमें सुन्दर भी बनाता है। पर यह आयत इस ओर इशारा करती है कि पति-पत्नी एक-दूसरे के इतने निकट होते हैं, जितना कि शरीर के लिबास, अर्थात सबसे ज़्यादा क़रीब। पति-पत्नी के रिश्ते में इतनी ही प्रगाढ़ता और विश्वास होना ज़रूरी है। दोनों के बीच ऐसा सम्बन्ध हो जिसमें वे खुलकर एक-दूसरे से अपनी भावनाएँ व्यक्त कर सकें, एक-दूसरे को उनकी कमियाँ, मानवीय कमज़ोरियाँ व ख़ूबियों सहित अपनाएँ।

मोहब्बत की तलाश हमें बदलती है। मोहब्बत को खोजते हुए इंसान में बदलाव न आए तो वह मोहब्बत को कभी नहीं पा सकता।

—शम्स तबरेज़

प्रेम की ओस

शादी केवल हनीमून नहीं

रात को सुस्ताते समय मुझे प्रसारण सुनना अच्छा लगता है। मैं हवाई जहाज़ में पत्रिकाएँ भी पढ़ता हूँ। इन सबमें मुझे बार-बार बताया जाता है—'सफल विवाह सामंजस्य पर निर्भर करता है।' सामंजस्य! यदि विवाह की सफलता सामंजस्य पर निर्भर होती, तो मैं अपने मुहल्ले का सबसे दुखी विवाहित व्यक्ति होता!

जब मेरी पत्नी और मैं एक-दूसरे से प्रेम कर रहे थे, तो आपको हमसे ज़्यादा सामंजस्यपूर्ण इंसान मिल ही नहीं सकते थे। हम इतने ज़्यादा सामंजस्य में थे कि देखकर हैरानी होती थी! जब हमारी शादी नहीं हुई थी, तो उसे मेरे हिसाब से काम करना बड़ा पसन्द था। जब हमारी शादी हो गई, उसके बाद मुझे पता चला कि उसके पास उसका एक अलग तरीक़ा था, जो उसे बहुत ज़्यादा पसन्द था।

शादी से पहले वह मेरी आँखों में देखती थी और कहती थी, 'प्रियतम, मैं तुम्हें बहुत अच्छी तरह समझती हूँ।' मैं सोचता था, 'वाह, मैं तो ख़ुद को भी नहीं समझ पाया हूँ और कोई दूसरा मुझे इतनी अच्छी तरह समझ गया है!' मैंने उसे जल्दी से जकड़ लिया; मैंने उससे शादी कर ली। वह पहली बात क्या थी, जो मुझे पता चली? उसने झूठ बोला था।

बाद में यह पता चला कि वह मुझे क़तई नहीं समझती थी। हालाँकि हमारी शादी को अब बीस साल हो चुके हैं, लेकिन अब वह कहती है, 'जानते हो, मैं जितना ज़्यादा तुम्हें जानती हूँ, उतना ही कम तुम्हें समझ पाती हूँ।'

तो हमारी शादी हो गई! उसने मुझे मूर्ख बनाया था और मैंने उसे अब हम दोनों ही अटक गए थे। देखिए, मैं उसे बदलकर कोई नया मॉडल ला सकता था, लेकिन मैंने यहाँ निवेश किया था। इसलिए मैंने उसका जीर्णोद्धार करने का निर्णय लिया। मुश्किल यह थी कि वह भी मेरा जीर्णोद्धार करना चाहती थी।

मैं हमेशा जानता था कि मैं चूहा था, लेकिन मैंने उसे कभी नहीं बताया, क्योंकि मैं सोचता था कि उससे शादी करने के बाद मेरी मर्दानगी बढ़ जाएगी और मैं विकास करने लगूँगा। उसे पता चले कि उसकी शादी एक चूहे से हुई थी, इससे पहले ही मैं मर्द बन जाऊँगा? बस उसे सच्चाई का पता इससे पहले नहीं चलना चाहिए था!

देखिए, मुझे वह भी नहीं मिला, जो मैंने सोचा था कि मुझे मिल रहा था। वास्तव में, हम दोनों के ही पास एक-एक योजना थी। वह जानती

थी कि मैं उसे बदलने जा रहा हूँ और बेहतर बनाने जा रहा हूँ। दूसरी तरफ़, मैं भी जानता था कि वह मुझे बदलने जा रही है और बेहतर बनाने जा रही है। योजनाएँ पहले-पहल अच्छी तरह कारगर थीं। मैं पूरी तरह से तैयार था कि मैं उसे ख़ुद को बदलने और बेहतर बनाने की अनुमति दे दूँगा, लेकिन तभी जब मैं उसे बेहतर बनाने का काम पूरा कर लूँगा। लेकिन उसने हर चीज़ बर्बाद कर दी—वह मुझे ख़ुद को तब तक बदलने ही नहीं दे रही थी, जब तक कि वह मुझे बदल न दे! मैंने ऐसा नहीं होने दिया।

निश्चित रूप से दूसरे दंपतियों की तरह हमने भी ख़ुश होने का नाटक किया, लेकिन हम शायद ज़्यादा लोगों को मूर्ख नहीं बना पाए। हमें यह सीखने की ज़रूरत थी कि दो लोग बूढ़े होने के लिए एक साथ जुड़ते हैं। संसार में सबसे मधुर दृश्य यह है कि दो लोग एक साथ बूढ़े हों, ज़्यादा गहरा विकास करें, आदान-प्रदान में ज़्यादा समृद्ध बनें और ज़्यादा पूर्ण बनें।

सुनिए, किसी सुखद विवाह का रहस्य सामंजस्य नहीं है। यह तो अखंडता है, दो लोगों की अखंडता कि वे विवाह का निर्णय लें, इसे सचमुच अपनाएँ और साथ-साथ जीने-मरने का निर्णय लें। जब मेरी पत्नी ने मुझसे शादी की थी, तो यह बेहतर या बदतर के लिए था (ज़्यादातर बदतर), अमीरी या ग़रीबी के लिए था (ज़्यादातर ग़रीबी), जब तक कि मृत्यु हमें जुदा न कर दे (इससे मामला सुलझ जाता है)।

शादी करने पर मैं पति तो बन गया, लेकिन शादी के कई साल बाद ही मुझे समझ आया कि पति क्या होता है। कई साल के वैवाहिक

जीवन के बाद ही मेरी पत्नी से बात हो पाई! नहीं, हम चुप नहीं रहते थे—हमारे वैवाहिक जीवन में बहुत शोर-शराबा रहता था, लेकिन हमने एक-दूसरे से ज़्यादा महत्त्वपूर्ण बातें नहीं कीं।

मैंने पाया कि बहुत सारे स्त्री-पुरुष एक साथ रहते हैं और परिवार पालते हैं, लेकिन उन्हें यह पता ही नहीं होता कि एक-दूसरे से सच्ची बातचीत कैसे की जाती है। कुछ लोगों की तो अपने बच्चों से भी सच्ची बातचीत नहीं होती है।

परिवार में वास्तविक सम्प्रेषण सीखने के लिए संसार की सबसे मुश्किल चीज़ों में से एक है। इसमें बहुत सारी कोशिशें, थोड़े प्रशिक्षण, थोड़े विकास और थोड़ा बदलने की ज़रूरत होती है। मैं वह जगह बता सकता हूँ, जहाँ मैंने अपनी पत्नी से पहली बार सच्ची बातचीत की थी।

इस बात पर विश्वास करना मुश्किल है, लेकिन मैंने पूरे अमेरिका में हज़ारों लोगों के सामने आत्मविश्वास और साहस पर व्याख्यान दिए थे, जबकि मैं अपनी पत्नी और परिवार के साथ प्रार्थना करने का साहस नहीं जुटा पाया था। इसमें तीन साल लग गए।

मुझे डर था कि वे चौंक जाएँगे या सोचने लगेंगे कि मैं बहुत ज़्यादा धार्मिक बन रहा हूँ। लेकिन मैं जानता था कि परिवार का नेतृत्व करना मेरी ज़िम्मेदारी थी और यह एक ऐसी चीज़ थी, जो हमें ज़्यादा क़रीब लाने के लिए करनी ही थी। मैं अपनी पत्नी या बच्चों को तब तक कभी अच्छी तरह नहीं जान पाया, जब तक कि आख़िरकार इकट्ठे प्रार्थना करने के ज़रिये मैं प्रेम और नेतृत्व अभिव्यक्त करने के थोड़े

साहस का इस्तेमाल नहीं करने लगा।

जीवन का एक बड़ा वरदान मुझे एक रात मिला, जब मेरी पत्नी और मैं एक साथ प्रार्थना कर रहे थे। मेरा मतलब यह नहीं है कि हम धार्मिक ध्वनियाँ निकाल रहे थे; हम तो बस ईश्वर को कुछ बातें बता रहे थे, जो हम एक-दूसरे से नहीं कह सकते थे।

मुझे याद है कि मैं उससे किसी छोटी-सी बात पर चिढ़ा हुआ था और इसी वजह से इसका मुझ पर इतना गहरा असर हुआ। उस रात उसने पहले प्रार्थना की और यह कुछ इस तरह थी, 'प्यारे ईश्वर, इतने अच्छे पति के लिए आपको धन्यवाद, जो आपने मुझे दिया है, मुझे बेहतर पत्नी न होने के लिए क्षमा करें, बेहतर बनने में मेरी मदद करें।'

उसके इन शब्दों ने मुझे हिला दिया। मैं बहुत स्पष्टता से देख सकता था कि वह ग़लत नहीं थी। शैतान तो मैं था। मैं वैसा पति नहीं था, जैसा मुझे होना चाहिए था। मैं वैसा पिता नहीं था, जैसा मैं बन सकता था। कितना बेहतरीन सबक़... मैं एक ही तरीक़े से यह सीखना शुरू कर सकता था और वह था घुटने टेककर। अगर उसने ये बातें मुझसे कही होतीं, तो मुझे यह शक हो सकता था कि वह अपनी बातें मनवाने के लिए एक नई नीति आज़मा रही है। सफल विवाह की कुंजी एक-दूसरे की ख़ातिर चीज़ें करना नहीं है; यह तो एक-दूसरे के साथ मिलकर चीज़ें करना है। यह एक साथ बूढ़े होना नहीं है, यह तो एक साथ बुज़ुर्ग होने तक विकास करना है। यह उस तरह का नाटक करना नहीं है जिस तरह किसी पति

और पत्नी को रहना चाहिए; यह तो अपना जीवन आदर्श पति-पत्नी बनना सीखने में व्यतीत करना है।

मेरे दोस्त, इससे चोट पहुँचेगी। इसकी क़ीमत चुकानी होगी। बहुत से युवा सोचते हैं कि विवाह का मतलब हनीमून है। हनीमून? यह तो रणभूमि है! लेकिन इस वक़्त हम दोनों ही जीत रहे हैं, क्योंकि अब मैं यह सीख रहा हूँ कि पति होने का क्या मतलब होता है।

मुझे ख़ुशी है कि मैंने उसे नहीं छोड़ा और उसने मुझे नहीं छोड़ा, क्योंकि हम यह सीखकर ख़ुद को बदल रहे हैं कि विवाह के निर्णय को हमारा बनाने का मतलब क्या होता है और हम यह काम मरते दम तक करेंगे—यही जीने का सच्चा अर्थ है।

—चार्ली जोन्स

(विश्व प्रसिद्ध पुस्तक लाइफ इज़ ट्रेमेंडस से साभार)

प्रेम की शुरुआत

हम सब यही सोचकर बड़े हुए हैं कि कोई एक ख़ास इंसान है इस दुनिया में जो हमारे लिए जीवनसाथी के रूप में कहीं है। वह ऐसा शख़्स है जिसके साथ हम जीवन जीना चाहते हैं। जब हम ऐसे किसी व्यक्ति को देखते हैं जो हमें अपना भावी जीवन साथी लगता है तो हम उसे आकर्षित करने के लिए तरह-तरह के प्रयास करते हैं। पूरी कायनात के जीवों में नर और मादा एक दूजे को प्रणय के लिए रिझाते हैं। कुछ ख़ास लक्षणों, क्रियाओं एवं शारीरिक हावभाव से वे एक-दूसरे को आकर्षित करने का प्रयास करते हैं।

जीवों के शारीरिक हावभाव प्रणय-निवेदन का सबसे ज़रूरी और बुनियादी हिस्सा हैं, क्योंकि इनसे ही सामने वाले को पता चलता है कि हम उसके लिए कितने उपलब्ध, आकर्षक, उत्साही और सेक्सी हैं। इसके कुछ संकेत जीवों द्वारा सोच-समझकर दिये जाते हैं और कुछ बिलकुल अनजाने में ही उनसे होते हैं। इनमें से कई संकेतों को हम जन्मजात सीखकर आते हैं। जन्तु-जगत में हर एक प्रजाति प्रणय-निवेदन के अपने बर्ताव में कुछ

निश्चित और पूर्व निर्धारित तरीक़े अपनाती है। उदाहरण के लिए, पक्षियों की कई प्रजातियों में मादा के सामने नर मटककर चलते हुए आवाज़ें निकालता है, अपने पंख फैलाता है और उसका ध्यान आकर्षित करने के लिए बहुत सूक्ष्म तरीक़े से शारीरिक गतिविधियाँ करता है। हम इंसानों द्वारा भी ऐसा ही किया जाता है क्योंकि हम भी एक जीव ही हैं।

> *जब कोई व्यक्ति विपरीत लिंग के इंसान के सम्पर्क में आता है, तो उसके शरीर में कुछ बदलाव आते हैं। सम्भावित मिलन की तैयारी में मांसपेशियाँ सख़्त हो जाती हैं, चेहरे और आँखों के आसपास की सूजन कम हो जाती है, ढीला पड़ा शरीर तन जाता है, छाती बाहर निकल आती है, पेट अन्दर की ओर जाता है, तोंद कम हो जाती है, शरीर की मुद्रा एकदम सीधी हो जाती है और वह व्यक्ति युवा दिखने लगता है।*
>
> **—डॉ. एल्बर्ट शेफ्लेन**

डॉ. एल्बर्ट शेफ्लेन ने पाया कि 'स्त्री-पुरुष, दोनों की चाल में स्वास्थ्य और उत्साह का प्रदर्शन करते हुए ज़्यादा ज़िन्दादिली और आत्मविश्वास था, जो साथी के रूप में उनकी निरन्तरता का सन्देश देता था। ऐसे में पुरुष सीधे खड़े होकर, अपने जबड़े को उभारकर छाती फुलाएगा, ताकि वह प्रभुत्वशाली लगे। उसमें दिलचस्पी रखनेवाली महिला अपने वक्ष को उभारेगी, सिर तिरछा करेगी, अपने बालों को छुएगी और कलाई को सामने करेगी, ताकि वह समर्पण की स्थिति में लगे।'

शुरुआत कौन करता है?

पहली नज़र के प्यार को विज्ञान भी मान्यता देता है, अर्थात कई जोड़े एक-दूसरे को पहली ही नज़र में प्यार करने लगते हैं। बॉडीलैंग्वेज विशेषज्ञ

मानते हैं कि महिलाएँ अपने पसन्दीदा पुरुष को आँखों, शरीर और चेहरे के सूक्ष्म संकेत भेजती हैं, जिन पर पुरुष प्रतिक्रिया करता है। कोई भी पुरुष जो महिला के पास जाकर उससे बात करता है, दरअसल वह उस महिला की इच्छा पर ही ऐसा करता है, क्योंकि वह महिला के शारीरिक हावभाव या इशारों को पकड़ता है। ऐसा लगता है कि पहला क़दम पुरुष बढ़ाता है। पहला स्पष्ट संकेत या पहली पहल पुरुष करते हैं, महिला कभी पहले स्पष्ट संकेत नहीं भेजती। इसलिए कहा जाता है कि प्यार की राह में पहला क़दम पुरुष उठाते हैं शायद आपको रवींद्र जैन का कम्पोज किया 'राम तेरी गंगा मैली' गीत की यह लाइन याद आ रही होगी कि 'कोई हसीना क़दम पहले बढ़ाती नहीं...।' रवींद्र जैन जन्म से देख नहीं पाते लेकिन उनका संगीत देखिए कितना सच है।

पुरुषों को बहुत सूक्ष्म इशारों को समझने में मुश्किल होती है और शोध बताते हैं कि वे दोस्ताना रवैये और मुस्कुराहट को ग़लती से यौन दिलचस्पी या प्रेम समझ लेते हैं। इसका कारण यह है कि महिलाओं के मुक़ाबले पुरुष में 10 से 20 गुना ज़्यादा टेस्टोस्टेरोन होता है जिससे वे दुनिया को यौन नज़रिये से देखते हैं। टेस्टोस्टेरोन का यह उच्च स्तर पुरुषों को उतावला बनाता है जिससे वे अपनी भावनाओं को छुपा नहीं पाते और देखने वालों को लगता है कि पुरुष ही पहला क़दम बढ़ा रहा है।

हमें कौन-सी विशेषताएँ आकर्षित करती हैं?

स्त्री-पुरुष अपनी शारीरिक विशेषताओं के विपरीत की ओर आकर्षित होते हैं। पुरुष चौड़े नितम्ब, पतली कमर, लम्बी टाँगों और गोलाकार स्तनों वाली महिलाओं को पसन्द करते हैं।

महिलाएँ भी अपने से विपरीत ख़ासियतों को पसन्द करती हैं, जिनमें चौड़े कंधे, सँकरे नितम्ब, मोटी टाँगें व बाँहें, मज़बूत ठोड़ी व भरी-पूरी नाक शामिल हैं। लगभग सभी महिलाएँ पुरुषों के कसे हुए नितम्ब पसन्द करती हैं।

उन लोगों के प्रति आकर्षित होते हैं, जिनके जीवन-मूल्य, पसन्द-नापसन्द और दुनिया को देखने का दृष्टिकोण हमसे मिलता है। ऐसे लोगों के साथ हम तुरन्त जुड़ जाते हैं।

स्त्री-पुरुष में आकर्षण प्रक्रिया के चरण

सभी जीव-जन्तुओं में आकर्षण की एक विशिष्ट प्रक्रिया होती है और उसके विशिष्ट चरण होते हैं। ऐसा कभी नहीं होगा कि कोई पुरुष आए, महिला का हाथ पकड़े और उसे लेकर चला जाए। स्त्री और पुरुषों में कुछ सन्देशों या प्रणय निवेदनों का संचार होगा और वे क्रमिक रूप से एक-दूसरे के पास आएँगे। किसी आकर्षक पुरुष या महिला से मिलने पर हम इंसानों का प्रणय निवेदन पाँच चरणों से होकर गुज़रता है :

पहले चरण में पसन्दीदा और भावी साथी से मिलने पर स्त्रियाँ यह देखने के लिए कि यह पुरुष वाकई उनके लायक है या नहीं, वे उसे आँखों से सूक्ष्म से संकेत भेजती हैं। वे चारों तरफ़ देखकर एक पसन्दीदा व्यक्ति को खोज लेती हैं। वे उस व्यक्ति द्वारा अपनी ओर देखे जाने का इन्तज़ार करती हैं, फिर लगभग पाँच सेकंड तक उससे नज़रें मिलाकर उन्हें हटा लेती हैं। अब पुरुष उसे देखता रहता है कि वह फिर कब उसे देखेगी। महिला को औसतन तीन बार ऐसा करना होता है, क्योंकि उसके बाद ही एक आम पुरुष उसकी बात समझ पाता है। नज़रें मिलाने की यह प्रक्रिया

कई बार दोहराई जाती है और इससे प्रेम की शुरुआत होती है। इसलिए कहा जाता है कि प्रेम आँखों के रास्ते हममें प्रवेश करता है।

दूसरा चरण होता है मुस्कुराना। जब महिला आँखों के इशारों के चरण को सफलतापूर्वक पूरा कर लेती है और यह जान लेती है कि पुरुष उसके लायक है तो वह दूसरा चरण शुरू करती है—मुस्कुराने का। वह पुरुष को देखकर मुस्कुराती है, एक या अनेक बार। यह मुस्कान अधूरी होती है और इसका उद्‌देश्य सम्भावित पुरुष साथी को आगे बढ़ने का संकेत देना है। यही वजह है कि प्रेम की शुरुआत मुस्कान से होती है। और यही कारण है कि दकियानूसी लोग अजनबियों को देखकर मुस्कुराने पर क्यों इतना एतराज करते हैं।

विशेषज्ञों के अनुसार तीसरा चरण होता है सजना-सँवरना। जब महिला आकर्षण का दूसरा चरण सफलतापूर्वक पार कर लेती है तो वह पुरुष को अधिक आकर्षित करने के लिए तीसरे चरण 'सजना-सँवरना' में प्रवेश कर जाती है, जिसके अन्तर्गत वह बालों को सँवारती है, कपड़ों को ठीक करती है, जीभ से होंठों को गीला करती है, गहनों को ठीक करके उनका प्रदर्शन करती है।

पुरुष महिला को ऐसा करते देखकर अपने भी कपड़ों को ठीक करता है, टाई पहनी हो तो उसे टाइट करता है, बालों को सँवारता है, चश्मे को ठीक करता है, कंधों को साफ़ करने का नाटक करता है, अपने बेल्ट को ठीक करता है और आसपास देखते हुए उस महिला की तरफ़ बढ़ता है।

चौथा चरण होता है विशेषज्ञों के अनुसार बातचीत का। जब पुरुष महिला

के पास पहुँच जाता है तो उनमें बातचीत शुरू हो जाती है। बातचीत की शुरुआत पुरुष ही करता है वह इसके लिए कुछ आम वाक्यों का प्रयोग करता है जैसे—'मैंने आपको कहीं देखा है? क्या आप उस शॉपिंग मॉल में अक्सर आती हैं? क्या हम किसी पार्टी में पहले कभी मिल चुके हैं?...' आदि। जब महिला पुरुष की किसी भी बात पर सकारात्मक प्रतिक्रिया दे देती है तो बातचीत और आगे बढ़ती है। फिर पुरुष कहता है—'आप बहुत ही ख़ूबसूरत लग रही हैं' या 'ये लाल रंग आप पर जँच रहा है', या 'आपके बाल बहुत ख़ूबसूरत हैं' या 'आपकी आँखें तो कमाल हैं, जैसे कोई ख़ूबसूरत झील' या 'कितनी फ़ुर्सत से बनाया होगा आपको बनाने वाले ने।'

पाँचवाँ चरण होता है स्पर्श करना। बातचीत अच्छी होने पर महिला या पुरुष एक-दूसरे को स्पर्श करने की कोशिश करते हैं, इसमें शुरुआत अक्सर महिला करती है। महिला बात करते हुए हाथ या पैर को भी स्पर्श कर सकती है। कंधों या बाँहों को छूना ज़्यादा अन्तरंगता दर्शाता है। जब वे एक-दूसरे को पसन्द करने लगते हैं तो वे अपने शरीर को आराम की मुद्रा में ले आते हैं। वे एक-दूसरे की तरफ़ थोड़ा-सा झुके हुए बात करने लगते हैं। उनके हाथ की मुद्रा खुली हुई हो जाती है बॉडीलैंग्वेज सकारात्मक हो जाती है। महिला अपने बैग को पुरुष की तरफ़ कर देती है।

विशेषज्ञों के अनुसार प्रणय निवेदन के ये पाँच चरण अतिमहत्त्वपूर्ण होते हैं और यहीं से प्रेम की शुरुआत होती है या हम कह सकते हैं कि यहीं से प्रेम का बीज अंकुरित होता है। यह देश या संस्कृतियों के अनुसार थोड़े-बहुत इधर-उधर हो सकते हैं लेकिन खुले माहौल और संस्कृतियों

में यह चरण आसानी से देखे जा सकते हैं। इन पाँच चरणों को जो स्त्री-पुरुष अच्छे से समझकर उस पर सही प्रतिक्रिया देते हैं तो उनकी जोड़ी बन जाती है और जो इन्हें नहीं समझ पाते उनकी जोड़ियाँ बनने में मुश्किलें आती हैं।

प्रेम के रसायन

किसी के द्वारा अत्यधिक प्रेम मिलने से आपको शक्ति मिलती है और किसी को अत्यधिक प्रेम करने से आपको साहस मिलता है।

—लाओ ज़ू

जब हम प्यार में पड़ते हैं, तो अक्सर हमें सुख का अनुभव होता है। हमें एक नशा हो जाता है। हमें सब अच्छा लगने लगता है। हमारा तनाव ग़ायब हो जाता है और हम दीवानगी की एक नई और अनोखी अवस्था में पहुँच जाते हैं।

लोग कहते हैं कि प्यार दिल से होता है। किसी ख़ास को देखकर दिल ज़ोरों से धड़कने लगता है। लेकिन सच यह है कि प्यार दिल से नहीं, बल्कि दिमाग़ से शुरू होता है। जी हाँ, जब हमें कोई पसन्द आता है, तो मस्तिष्क में कई तरह के केमिकल्स का कॉकटेल बन जाता है, जिससे हमें उत्साह, ख़ुशी, निकटता और आराम का एहसास होता है।

किसी को देखकर अगर आपके दिल में कुछ-कुछ हो रहा है, तो समझ जाइए कि दिमाग़ में केमिकल्स की उथल-पुथल शुरू हो गई है। जब भी आप उस ख़ास इंसान के बारे में सोचते हैं तो आपको एक अच्छा एहसास होता है। इस अच्छे एहसास के पीछे का राज़ छुपा है डोपामाइन हार्मोन में।

डोपामाइन एक न्यूरोट्रांसमीटर है, जिसे एक फील गुड हॉर्मोन भी कहा जाता है। जब भी आप उस ख़ास व्यक्ति के बारे में सोचते हैं, तो डोपामाइन रिलीज़ होता है।

आपके साथ भी ऐसा हुआ होगा कि आप पहली मुलाक़ात के बारे में सोचकर थोड़े से नर्वस हो जाते होंगे, दिल की धड़कनें तेज़ हो जाती होंगी। अगर ऐसा हो रहा है, तो मेरे दोस्त इसके पीछे भी दिमाग़ का ही खेल है। रोमांटिक रिश्ते के शुरुआती दौर में जब आप अपने साथी से मिलने के बारे में सोचते हैं, तो मन में घबराहट या रोमांच पैदा होता है। मस्तिष्क एड्रीनल ग्लैंड तक एक सिग्नल भेजता है। एड्रीनल ग्लैंड किडनी के ऊपरी भाग में होती है। सिग्नल मिलने पर एड्रीनैलिन, एपिनेफ्रीन, नॉरएपिनेफ्रिन हॉर्मोन्स इस उत्तेजना को और बढ़ाते हैं। डोपामाइन की ही तरह नॉरएपिनेफ्रिन भी एक अच्छा महसूस करवाने वाला हॉर्मोन है, जो प्यार और किसी ख़ास एहसास को और भी बेहतर बनाता है। साथ ही यह आपके प्रेमी या प्रेमिका के प्रति मोह व जुनून को भी पैदा करता है। इन हॉर्मोन्स के रिलीज़ होने का मतलब है कि मस्तिष्क आपसे इस रिश्ते को आगे बढ़ाने के लिए कह रहा है।

जब मस्तिष्क में ये बात बैठ जाए कि आप किसी के प्रेम में हैं और अब

आप उसे अपने चारों तरफ़ महसूस कर रहे हैं, तब मस्तिष्क का लिम्बिक सिस्टम लगातार डोपामाइन हॉर्मोन रिलीज़ करता है। यह हॉर्मोन लगातार आपके साथी की तरफ़ आपकी चाहत को बढ़ाता जाता है। यदि आपका साथी आपके पास नहीं है, तो यह हॉर्मोन उसे देखने या मिलने की इच्छा को और बढ़ाता है।

जब किसी से प्रेम हो जाता है या कोई पसन्द आ जाता है, तो न ही उसकी ख़ामियाँ नज़र आती हैं, न ही उसकी कोई बात बुरी लगती है। यदि कोई उसकी कमियाँ बताता है, तो आप उन बातों को अनदेखा कर देते हैं। टेम्पोरल लोब में न्यूरॉन्स का सेट होता है, जिसे अमिग्डला कहते हैं। किस बात पर, किस तरह की प्रतिक्रिया देनी है, यह तय करने में अमिग्डला अहम् भूमिका निभाता है। यह लिम्बिक सिस्टम का ही हिस्सा माना जाता है और कोई भी निर्णय लेने, डर की स्थितियों को पहचानने, किसी के झूठ को पकड़ने या समझने आदि में यह मदद करता है। जब लोग प्यार में होते हैं, तो अमिग्डला एक छोटी-सी झपकी ले लेता है या कह सकते हैं कि वह सामने वाले की बातों को समझना ही नहीं चाहता। यही वजह है कि लोग प्रेम को अंधा कहते हैं। जब आपको किसी से इतना लगाव हो जाए कि उसके साथ सारी ज़िन्दगी बिताने का मन करे, तो मस्तिष्क ऑक्सीटोसिन नामक हॉर्मोन रिलीज़ करने लगता है, जो दो लोगों को भावनात्मक रूप से जोड़ता है।

ऑक्सीटोसिन को लव हार्मोन भी कहा जाता है। इस हॉर्मोन का उत्पादन मस्तिष्क के एक भाग हाइपोथैलेमस में होता है। जब दो लोग क़रीब आते हैं या सेक्स के बाद ऑर्गेज़म के समय यह हॉर्मोन रिलीज़ होता है तब ऑक्सीटोसिन दो लोगों के बीच विश्वास और प्रतिबद्धता को बढ़ावा देता है।

जब प्रेम हमेशा के लिए प्रेमी और प्रेमिका को पास ले आए तो मस्तिष्क के वेन्ट्रल पलिडम में गतिविधियाँ बढ़ जाती हैं। मस्तिष्क का यह हिस्सा ऑक्सीटोसिन व वैसोप्रेसिन से भरपूर होता है। ये दोनों ही हार्मोन प्रेम व गहरे लगाव का एहसास करवाते हैं।

एड्रीनैलिन और एम्फेटामिन आपको ख़ुशी और स्फूर्ति का एहसास कराते हैं। इसके अलावा एंडॉर्फिन्र्स भी होते हैं, जो आपकी प्रतिरोधक प्रणाली को बढ़ाते हैं और इससे आपकी छोटी-मोटी स्वास्थ्य समस्याएँ ठीक हो जाती हैं। जब आप दोनों एक-दूसरे को चूमते हैं, तो आपके दिमाग़ एक-दूसरे की लार का बहुत तेज़ी से विश्लेषण करते हैं और आपकी आनुवंशिक अनुकूलता पर निर्णय लेते हैं। महिला का दिमाग़ पुरुष की प्रतिरोधक प्रणाली की स्थिति को लेकर रासायनिक निर्णय करता है।

यह समूची सकारात्मक रासायनिक प्रतिक्रिया स्पष्ट करती है कि प्रेम में डूबे लोगों की सेहत क्यों बेहतर होती है और क्यों प्यार में न पड़े लोगों के मुक़ाबले उन्हें किसी बीमारी की चपेट में आने की आशंका कम होती है। प्रेम में होने की स्थिति आमतौर पर आपके स्वास्थ्य के लिए अच्छी होती है। इसलिए यह कहा जा सकता है कि 'प्रेम रोग' सेहत के लिए लाभदायक होता है।

सीमिन ज़ेकी और एंड्रयू बार्टेला ने ऐसे 11 महिला व 6 पुरुषों के मस्तिष्क के स्कैन किए जो कि प्यार में 6 से 12 महीनों से पागल थे। उन्हें बारी-बारी से उनके प्रेमी के व उनके अन्य मित्रों के फ़ोटो दिखाए गए। उन्होंने पाया कि प्रेमी की तस्वीर देखकर उनके मस्तिष्क के चार निश्चित क्षेत्र सक्रिय हो गए। उनमें से दो क्षेत्र मस्तिष्क के अधिक विकसित सेरिब्रल कॉर्टेक्स

में थे। ये मीडियल इन्सुला थे, जो कि स्वाभाविक भावनाओं के लिए ज़िम्मेदार होता है और जो सिंगुलेट का हिस्सा थे, जो सुख का अनुभव कराने वाले मादक पदार्थों पर प्रतिक्रिया करता है। अन्य क्षेत्र मस्तिष्क के अधिक आदिम बुनियादी गैंगलिन हिस्से में होते हैं, जो अनुभवों के फ़ायदों को समझने और किसी चीज़ के आदी होने में भूमिका निभाते हैं।

इस शोध से स्पष्ट है कि क्यों प्यार में हमें सुख का अनुभव होता है और हम पर क्यों प्यार का ख़ुमार या नशा हो जाता है तथा साथ ही क्यों हमारा तनाव और चिन्ताएँ समाप्त हो जाती हैं। तो यह भी सच है कि 'प्रेम रोग' चिन्ताओं का एक बेहतरीन इलाज है।

प्रेम है या दीवानगी

इतिहास में एक प्रसिद्ध जोड़ी हुई है जिसका नाम है—'लेल-मजनूँ'। मजनूँ की दीवानगी लैला के लिए उस वक़्त इतनी मशहूर हो चुकी थी कि लोग मजनूँ को देखने के लिए दूर-दूर से आते थे। वैसे मजनूँ का असली नाम 'कैस' था जिसका अरबी भाषा में अर्थ होता है 'अक्लमंद'। लेकिन लोगों को उसकी दीवानगी देखकर उसके इस नाम का अर्थ महत्त्वहीन लगता था। इसलिए उन्होंने उसे 'मजनूँ-मजनूँ' कहना शुरू कर दिया। मजनूँ हमेशा लैला के बारे में ही सोचता, उसी की बातें करता, उसी के दीदार के लिए उतावला रहता, उससे मुलाक़ात की तमन्ना दिल में लिए इन्तज़ार करता रहता। मजनूँ की दीवानगी के क़िस्से उस वक़्त के बादशाह तक भी पहुँचे तो उन्होंने जानना चाहा कि आख़िर वह कौन हूर-परी है जिसके लिए मजनूँ इतना दीवाना है?

बादशाह ने लैला को दरबार में बुलवाया और उससे नकाब हटाने के लिए

कहा। जब लैला ने नकाब हटाया तो बादशाह ने उसे देखकर कहा—'अज दिगर ख़ूबाँ तू अफ़ज़ों नेस्ती-ऐ लैला तू कोई ज़्यादा ख़ूबसूरत हसीना तो है नहीं, जो तुझ पर मज़नूँ इतना दीवाना हो रहा है!'

तो लैला ने बादशाह को जवाब दिया—'गुफ्त ख़ामोश चूँ तू मज़नूँ नेस्ती।' बादशाह सलामत, मेरी ख़ूबसूरती को देखने के लिए मज़नूँ की नज़र चाहिए और वह आपके पास नहीं है।'

मतलब यह कि महबूब की नज़रों में और जमाने वालों की नज़रों में बहुत फ़र्क़ होता है। मज़नूँ के लिए लैला सबसे ख़ूबसूरत है और जमाने वालों को वह बदसूरत नज़र आ रही थी। इसी तरह एक-दूसरे के प्यार में दीवाने प्रेमियों को भी अपने-अपने साथी सबसे ख़ूबसूरत और सबसे अलग नज़र आते हैं।

मनोवैज्ञानिक डॉ. हेलन फिशर मस्तिष्क के स्कैन का इस्तेमाल करके उसमें प्रेम की तीन तरह की भावनाओं का पता लगा चुकी हैं—1. कामना, 2.प्रेमांधता और 3. लगाव। हर भाव का अपना निश्चित रसायन होता है, जो तब प्रतिक्रिया करता है जब उस दिमाग़ का मालिक किसी की ओर आकर्षित होता है। बायोलॉजी की भाषा में कहें तो प्रेम के ये तीन हिस्से संततियों को आगे बढ़ाने के महत्त्वपूर्ण कार्य के लिए विकसित हुए हैं। एक बार गर्भाधान हो जाने पर यह प्रणाली अपने आप निष्क्रिय हो जाती है और प्रेम की प्रक्रिया रुक जाती है।

पहला चरण कामना का है, जो कि शारीरिक आकर्षण होता है।

उसके बाद आता है प्रेमांधता का चरण या दौर। फिशर कहती हैं, "प्रेमांधता एक ऐसा चरण है, जिसमें कोई शख़्स बार-बार आपके ख़यालों में आता

है और आप उसे अपने दिल-ओ-दिमाग़ से नहीं निकाल पाते। आपका दिमाग़ सिर्फ़ अपने प्रियतम की ख़ासियतों पर ध्यान देता है और उसकी बुरी आदतों को नज़रअन्दाज़ कर देता है।"

प्रेमांधता सम्भावित साथी के साथ मेल करने की कोशिश है और यह भावना इतनी सशक्त होती है कि इससे मस्तिष्क से बहुत ज़बरदस्त रसायन निकलते हैं, जिनके कारण आनन्द की भावना पैदा हो जाती है। डोपामाइन हार्मोन सुख का एहसास देता है, फिनाइलथायलामाइन उत्तेजना का स्तर बढ़ाता है, सेरोटोनिन भावनात्मक स्थिरता का एहसास कायम करता है और नॉरएपिनेफ्रिन आप में यह एहसास जगाता है कि आप कुछ भी हासिल कर सकते हैं। प्रेमांधता या दीवानेपन की अवस्था अस्थायी होती है और यह चरण आमतौर पर 3 से 12 महीने तक रहता है। अधिकतर लोग इस दीवानगी को ही प्रेम मानने की ग़लती कर बैठते हैं। वास्तव में यह तो प्रकृति की एक बेहतरीन जैव वैज्ञानिक कारीगरी है, जो इस बात की सुनिश्चितता करती है कि किसी पुरुष व महिला को पर्याप्त समय के लिए एक साथ लाया जाए, ताकि वे प्रजनन कर सकें और अपनी संतति को आगे बढ़ा सकें।

जब बात प्रेमांधता से निकलकर हक़ीक़त पर आ जाती है, तो दोनों साथियों में से एक या फिर दोनों एक-दूसरे को अस्वीकृत कर देंगे या तीसरा चरण लगाव शुरू हो जाएगा, जब दोनों का ध्यान एक-दूसरे से जुड़ाव पर केन्द्रित होगा, जो कि इतने लम्बे समय तक चले कि बच्चों की अच्छे से परवरिश की जा सके।

प्रेम कामना के साथ शुरू होता है, जो कुछ घंटे, कुछ दिन या फिर कुछ सप्ताह तक रह सकता है। फिर बारी आती है प्रेमांधता के चरण की, जो

औसतन 3 से 12 महीने रहता है और फिर लगाव का चरण शुरू हो जाता है।

लगभग एक साल बाद जब हार्मोन्स के कॉकटेल के नशे का असर कम होने लगता है, तो हम अपने साथी को साफ़ तौर पर देखने लगते हैं और जो छोटी-छोटी आदतें हमें शुरू में बहुत प्यारी लगती थीं, वे अब बोझ लगने लगती हैं। उसे आपकी बातें सुनना पहले अच्छा लगता था, लेकिन अब वह आपकी बातों से खीजकर आपको मारने का इरादा रखता है। पहले उसे आपके बाल रेशमी लगते थे, लेकिन अब वह आपके बालों को कंघे में उलझा या टॉवेल में लगा देखकर झगड़ने लगेगा। पहले वह आपकी लिपस्टिक लगे कॉफी के कप को सहेजकर रखता था, लेकिन अब इसे स्वच्छता अभियान पर लगा एक धब्बा मानकर आपको भाषण सुना देगा। पहले उसका आपको घर पर ही रोककर ढेरों बातें करने का दिल चाहता था लेकिन अब आपके काम पर न जाने पर अर्थव्यवस्था का लम्बा लेक्चर सुनना पड़ सकता है।

जब एक बार प्रेम की दीवानगी का दौर निकल जाए (याद रखिए, प्रेम की दीवानगी का दौर औसतन दो साल तक चलता है) तो प्रेमी असली दुनिया में लौट आते हैं। पति अपनी इच्छाएँ अभिव्यक्त करता है पर उसकी इच्छाएँ पत्नी की इच्छाओं से अलग होती हैं। वह सेक्स चाहता है, पर पत्नी थकी हुई है और उसका मूड नहीं है। पत्नी अपने मायके जाना चाहती है पर पति कहता है, 'मुझे तुम्हारे परिवार के साथ इतना समय बिताना बिलकुल पसन्द नहीं है।' पति क्रिकेट मैच देखना चाहता है पर पत्नी कहती है, तुम्हें मुझसे ज़्यादा प्रेम क्रिकेट से है। धीरे-धीरे प्रेम की दीवानगी का भूत उतर जाता है और व्यक्तिगत इच्छाएँ, भावनाएँ, विचार और व्यवहार के पैटर्न प्रबल होते जाते हैं। अब वे एक नहीं, बल्कि दो व्यक्ति हैं। उनके

दिल-ओ-दिमाग़ अब एक नहीं रह गए हैं। अब उनकी भावनाएँ एक साथ नहीं बहतीं। अब हक़ीक़त उन्हें एक-दूसरे से दूर करना शुरू कर देती हैं। वे प्रेम की मृग-मरीचिका से बाहर निकल आते हैं और इस बिन्दु पर या तो वे एक-दूसरे से कट जाते हैं, अलग हो जाते हैं या तलाक़ ले लेते हैं या फिर वे एक-दूसरे को समझकर प्रेम करने की कठोर मेहनत शुरू कर देते हैं। एक ऐसा प्रेम जिसमें प्रेम की दीवानगी का मदमस्त और जन्नत जैसा अनुभव नहीं होता।

हक़ीक़त में प्रकृति का उद्देश्य ज़बरदस्त हॉर्मोनल उथल-पुथल करके स्त्री-पुरुषों को एक-दूसरे के साथ मिलाना है, ताकि वे प्रजनन कर सकें और ज़्यादा सोच-विचार न करें। ज़्यादा सोच-विचार करने से उनके मिलने की सम्भावना कम हो जाती है और उनके मिलने की सम्भावना कम होने पर संततियों के आगे प्रसार की सम्भावना भी कम हो जाती है।

टेस्टोस्टेरॉन के उच्च स्तर के कारण पुरुष इतने उत्तेजित और उतावले हो जाते हैं कि वे प्यार के दीवानगी वाले चरण में महिलाओं की तुलना में आसानी से पहुँच जाते हैं। इस चरण के दौरान पुरुषों का टेस्टोस्टेरॉन का स्तर इतना ज़्यादा बढ़ जाता है कि वे अच्छा-बुरा, नफ़ा-नुकसान आदि नहीं समझ पाते। महिला के मस्तिष्क में भावना और तर्क के केन्द्र आपस में बेहतर ढंग से जुड़े होते हैं, इसलिए वे पुरुषों जितनी बेकशबू नहीं होती। उसके लिए इस बात को आँकना ज़्यादा आसान होता है कि कोई पुरुष उसके लिए सही सम्भावित साथी हो सकता है या नहीं जो उसकी भावी संतान को पालने में उसकी मदद करे। इससे भी यह स्पष्ट होता है कि क्यों अधिकतर रिश्ते महिलाओं द्वारा ख़त्म किए जाते हैं और क्यों अधिकांश रिश्ते पुरुषों द्वारा शुरू किए जाते हैं।

हम ख़ास हैं, हम महत्त्वपूर्ण हैं, हमारे जीवन का कोई अर्थ है, हमारे जीवन का कोई ऊँचा लक्ष्य है। हम इनमें भरोसा करना चाहते हैं, पर हम तब तक ख़ुद को ख़ास और महत्त्वपूर्ण नहीं समझ सकते जब तक कोई हमसे प्रेम न करे। जब हमारा जीवनसाथी हमसे बेइंतहा मोहब्बत करता है तभी हमें भरोसा होता है कि वाकई हम ख़ास हैं। इसमें कोई शक नहीं कि प्रेम के बिना हम अपने महत्वपूर्ण होने की खोज में अपना पूरा जीवन बिता देंगे लेकिन हमें वह नहीं मिलेगा।

विवाह के संसार में अगर युगलों को एक-दूसरे द्वारा प्रेम किए जाने का एहसास न हो तो उनके मतभेद ज़्यादा भयानक हो जाते हैं। फिर वे एक-दूसरे को दुश्मन की तरह देखने लगते हैं। उनका घर जन्नत के बाग़ की जगह पर लड़ाई का एक भयानक मैदान बन जाता है जिसमें सबका जीना मुश्किल हो जाता है।

निःसन्देह प्रेम हर समस्या का हल नहीं है। प्रेम तो बस ऐसा माहौल बनाता है जिसमें हम एक साथ अपनी परेशानियों का हल खोज सकते हैं। दो अलग-अलग मिजाज़ के लोग एक साथ रह सकते हैं। दो जिस्म एक जान बन सकते हैं। दो आत्माएँ एक-दूसरे के साथ अनंतकाल के बंधन में बँध सकती हैं और हम इंसानों का फ़ायदा इसी में है कि हम पति-पत्नी दो बदन एक जान बनकर रहें। जिससे सारी दुनिया स्वर्ग बन सके, सभी के लिए क्योंकि विवाह की सफलता ही एक अच्छे समाज की बुनियाद होती है, एक अच्छे भविष्य की आधारशिला होती है।

पुरुष और महिलाएँ अलग-अलग क्यों हैं?

पुरुष एवं महिलाएँ एक-दूसरे से अलग हैं। ना बेहतर ना बदतर बस अलग हैं।

—एलन पीज

स्त्री और पुरुष की बनावट बिलकुल अलग है। एक को पिता बनने के लिए ईश्वर ने बनाया है तो दूसरे को माँ बनकर संसार को आगे बढ़ाने के लिए। एक कोमल है, तो एक सुदृढ़ और मज़बूत। एक मानसिक रूप से कोमल है तो एक मानसिक रूप से दृढ़।

स्त्री-पुरुषों का विकास अलग-अलग तरह से हुआ है। आदिमकाल में पुरुष शिकारी थे तो महिलाएँ उस शिकार को इकट्ठा करती थीं और पकाती थीं। पुरुष अपनी और अपने परिवार की सुरक्षा करते थे, तो महिलाएँ परिवार का पालन-पोषण और देखभाल। इसके परिणामस्वरूप, उनके शरीर, दिमाग़ और मन का विकास बिलकुल अलग-अलग प्रकार से हुआ। अर्थात एक का विकास भोजन और सुरक्षा की प्राथमिकताओं

को लेकर हुआ है तो दूसरे का विकास घर की देखभाल की प्राथमिकताओं के अनुसार।

जन्म के समय ही हमारा दिमाग़ एक ख़ास तरह से काम करने के लिए तैयार होता है। आदिमकाल में पुरुष आमतौर पर शिकारी होते थे और महिलाओं का काम बच्चों का पालन-पोषण और घर का रखरखाव करना होता था, वे आज भी हमारे बर्ताव, मान्यताओं, प्राथमिकताओं और व्यवहार को निर्धारित करते हैं।

हम मनुष्य इस बात को स्वीकार नहीं करते कि हम भी एक जानवर हैं। हमारे शरीर के अंग जैसे–मांस, हड्डियाँ, हृदय, आँत, किडनी, फेफड़े, त्वचा या आँखें अन्य जानवरों में भी पाए जाते हैं।

वैज्ञानिकों ने पाया कि इंसानी शरीर का 98.4 प्रतिशत हिस्सा गोरिल्ला के समान है और 97.5 प्रतिशत हिस्सा घोड़े के समान। हम जानवरों से भिन्न केवल हमारी तर्कशक्ति, कल्पनाशक्ति और योजनाएँ बनाने की क्षमता के कारण हैं। जानवर केवल प्रतिक्रिया देते हैं परिस्थितियों के अनुसार और हम इंसान स्थिति के अनुसार प्रतिक्रिया देने के साथ सोचते और कल्पना भी करते हैं। हम अच्छे और बुरे कर्मों के लिए स्वर्ग और नर्क की कल्पना कर सकते हैं जबकि जानवर नहीं। हम सोच सकते हैं कि हमारी जोड़ी तो स्वर्ग में बनी है और हम एक दूजे के भाग्य में थे लेकिन जानवर यह नहीं सोच सकते। बस यही अन्तर है उनमें और हममें।

मोर का नाचना, बिल्लियों का चुपके से चूहों का पीछा करना, नर कुत्ते का टाँग उठाकर ही पेशाब करना, तोते का ट्याव-ट्याव और शेर का

जंगल के राजा की तरह रहना, उनकी सहज प्रवृत्ति हैं, जो उनके बर्ताव या व्यवहार को निर्धारित करती हैं।

हम यह तो स्वीकार कर लेते हैं कि जानवरों में नर और मादाओं का व्यवहार अलग होता है, लेकिन हम यह नहीं स्वीकारते कि इंसान भी एक जानवर है तथा हममें भी अन्य जानवरों की तरह नर-मादाओं के बर्ताव और व्यवहार अलग-अलग होते हैं।

हमें अपने माता-पिता से जो भी व्यवहार या संस्कार विरासत में मिलते हैं, वे चाहे अच्छे हों या बुरे, वही हम अपनी अगली पीढ़ी को भी सौंपते हैं और दूसरे जानवर भी ऐसा ही करते हैं। तो आइए, हम सबसे पहले स्वयं को एक जानवर स्वीकार करें और स्त्री-पुरुषों के सम्बन्धों को सुधारने के लिए पहला क़दम बढ़ाएँ।

हम सभी मनुष्य 46 क्रोमोसोम से मिलकर बने हैं, जो कि आनुवंशिक बिल्डिंग ब्लॉक्स की तरह हैं। इन 46 में से 23 हमारी माँ और 25 हमारे पिता से हमें मिलते हैं। यदि हमारी माँ का 23वाँ क्रोमोसोम X क्रोमोसोम है और पिता का भी 23वाँ क्रोमोसोम X है, तो बच्चा XX होगा, यानी वह लड़की होगी। यदि पिता का 23वाँ क्रोमोसोम Y है, तो हमें XY बेबी मिलेगा, यानी वह लड़का होगा।

अब एक सवाल मन में हम सबके उठता होगा कि जब संतान में माँ और पिता दोनों के क्रोमोसोम बराबर-बराबर होते हैं तो फिर उसका सरनेम माँ का क्यों नहीं होता, पिता का ही क्यों होता है?

भाषा की खोज हुई और भाषा की खोज के बाद लोगों के नामकरण हुए। अब मनुष्य केवल अपनी शक्ल से नहीं अपने नाम से भी पहचाने जाते थे।

नाम मनुष्यों द्वारा किया गया एक ऐसा आविष्कार है जो मनुष्य को सबसे प्रिय है। नाम के लिए वह कुछ भी कर सकता है। नाम के आविष्कार के बाद मनुष्य बदल गया, मनुष्य का स्वभाव बदल गया और फिर सारा संसार बदल गया। अपने आप को लोगों की स्मृतियों में सदा जीवित रखने का सबसे महत्त्वपूर्ण पहलू नाम ही है। आप सोचिए यदि नाम की खोज नहीं हुई होती तो हम अरस्तू और सिकंदर को कैसे याद करते, चाणक्य और सम्राट चन्द्रगुप्त को कैसे याद करते, न्यूटन को कैसे याद करते? क्या हम उन्हें केवल शक्लों से याद रख पाते? नहीं, वे हमारी स्मृतियों में कुछ महीनों से ज़्यादा नहीं रह पाते। उन्हें हमारी स्मृति में जीवित रखा है तो उनके नामों ने। अमरत्व की इस चाह ने मनुष्यों से कई खोज और कई पराक्रम करवाए हैं, जो शायद नाम के बिना उसकी इन्हें करने में दिलचस्पी नहीं होती। हमें भी आने वाली पीढ़ियाँ याद रखेंगी तो केवल हमारे नाम से याद रखेगी। दुनिया को हमारा नाम याद रहेगा उसके बाद ही हमारा काम याद रहेगा।

नाम के साथ जो एक और शब्द जुड़ा होता है वह होता है हमारा सरनेम यानी हमारा उपनाम। और हमारा उपनाम होता है हमारे पिता का नाम या पिता का ही उपनाम। भाषाओं और नामों की खोज के हज़ारों साल बाद तक मनुष्य के ज्ञान में यह बात थी कि संतानों की उत्पत्ति में पिता ही मुख्य है। क्योंकि, वह अपने बीज को महिला के गर्भाशय में रोपित करता है और गर्भाशय में गर्भनाल द्वारा उसका पोषण होता है। फिर वह एक शिशु बनता है। 2 शताब्दियों पूर्व तक यही माना जाता था कि मानव में शिशु का निर्माण इसी प्रकार होता है जिस तरह एक बीज अंकुरित होकर पौधा बनता है। पुरुष ने बीज डाला, स्त्री रूपी धरती ने उसे सींचा और पुरुष को फिर से लौटा दिया।

लेकिन 19वीं शताब्दी के शुरुआत में कार्ल अर्नस्ट द्वारा जब यह खोज कर ली गई की स्तनधारियों की मादाओं में भी अंडे होते हैं और शिशु जन्म के लिए इनका शुक्राणुओं से निषेचन होता है फिर गर्भाशय में गर्भ पलता है। तो यहाँ से मनुष्यों को यह पता चला की संतान की उत्पत्ति में पिता से ज़्यादा माँ का योगदान होता है। क्योंकि, 46 में से 23 क्रोमोसोम पिता के शुक्राणु के हैं तो 23 माँ के अंडाणु के भी हैं। और फिर माँ तो उसे 9 महीने तक अपने ख़ून से सींचती भी है। यह पता चले हुए हमें 200 से ज़्यादा साल हो चुके हैं लेकिन सरनेम अभी पिता के ही चलते हैं। अभी कुछ सालों पहले तक ही हमारे काग़ज़ों में माँ का कहीं ज़िक्र नहीं होता था। अब किसी-किसी काग़ज़ में माँ का नाम भी लिखना अनिवार्य हो गया है।

मनुष्य पिता का सरनेम लिखने का आदी हो चुका है और हज़ारों साल की उसकी यह आदत 200 साल में बदल जाए ऐसा नहीं हो सकता। क्योंकि हम देख ही रहे हैं कि ऐसा हुआ भी नहीं है। आने वाले समय में क्या होगा, कौन जानता है। लेकिन माँ को पिताओं के बराबर ही माना जाने लगेगा। सरनेम कब से बदलना शुरू होंगे और दुनिया कब से उसे स्वीकार करेगी यह तो भविष्य की अलबेली कोख में है। लेकिन इसके बारे में तो माँ के बच्चों को ही मिलकर प्रभावी प्रयास करने होंगे। आशा है जो सम्मान और अधिकार हमारे परनाना-परदादा नहीं दे पाए अपनी माँओं को वह सम्मान और अधिकार हम और हमारे नाती-पोते उन्हें ज़रूर देंगे।

ख़ैर, पुरुष और महिलाओं में विकासात्मक परिवर्तन हुए हैं जो कि लाखों सालों के विकासक्रम के दौरान इन्हें प्राप्त हुए हैं। पुरुष परिवार के लिए भोजन लाता यानी शिकार करता था और ख़तरों से अपने परिवार की रक्षा करता था, जबकि महिलाएँ परिवार को सँभालती थीं। यही कारण है कि

महिलाएँ अपने या अपने पति के कार्यस्थल को सजाने या व्यवस्थित करने से ज़्यादा प्राथमिकता घर को सजाने-सँवारने को देती हैं। यह आप उनकी शॉपिंग करने के तरीक़े से भी समझ सकते हैं। और पुरुष इसका विपरीत करते हैं, वे अपना कार्यस्थल सजाना चाहते हैं जिसे देखकर ही देखने वाले के मन में उसकी छाप छोड़ी जा सके। जबकि महिलाएँ घर को सजाकर ऐसा दिखाना चाहती हैं कि देखने वालों को लगे कि यह स्वर्ग का एक बग़ीचा है।

पुरुष का मस्तिष्क इस प्रकार बना है कि वह एक समय में एक ही काम कर सकता है, क्योंकि उसके बाएँ व दाएँ गोलार्द्ध के बीच फाइबर कनेक्शन्स कम होते हैं और उसका मस्तिष्क अधिक वर्गीकृत होता है। महिलाएँ अपने दिमाग़ के दोनों गोलार्द्ध का इस्तेमाल करती हैं, इसलिए कई बार बाएँ व दाएँ हाथ के बीच फ़र्क़ करना या दिशाओं का फ़र्क़ करना और नक़्शों को समझना उनके लिए मुश्किल हो जाता है। दूसरी ओर पुरुष चूँकि दिमाग़ के बाएँ या फिर दाएँ हिस्से का इस्तेमाल करते हैं, तो उनके लिए साइड, दिशा और नक़्शों को समझना और उनमें अन्तर करना काफ़ी आसान होता है।

दुर्भाग्यवश, हम अब ऐसे सामाजिक वातावरण में रहते हैं जिसमें हम इस बात पर ज़ोर देते हैं कि हम सभी एक समान हैं, जबकि तथ्यों का पहाड़ यह दिखा रहा है कि हम प्राकृतिक रूप से अलग हैं और बिलकुल अलग शक्तियों, कमज़ोरियों और विशेषताओं के साथ विकसित हुए हैं। यह सच है कि राजनीतिक रूप से स्त्री-पुरुष बराबर हो सकते हैं, क्योंकि उनके मतों का मूल्य बराबर-बराबर है, लेकिन जीव-विज्ञानी आधार पर तो वे बिलकुल अलग-अलग हैं।

महिलाओं और पुरुषों की वैचारिक भिन्नताएँ

हमारे जीवन में जो भी दृढ़ और स्थायी ख़ुशी है, उसके पीछे 90 प्रतिशत प्रेम उत्तरदायी है।

—सी.एल. लुईस

दुनिया के समस्त विश्वविद्यालय, महाविद्यालय, विद्यालय, शिक्षक, गुरु, ट्रेनिंग सेंटर्स, माता-पिता एवं स्वयं स्त्री-पुरुष मिलकर कोशिश करें तो भी स्त्री, स्त्री रहेगी और पुरुष, पुरुष। याद रखिए हमारे मस्तिष्क की प्रोग्रामिंग, हमारे शरीर की बनावट, हमारा केमिकल-कॉकटेल, हमारे हार्मोन्स और हमारा क्रमिक विकास हमें स्त्री और पुरुष में भिन्न करके ही रहेगा। हम भले कितनी ही कोशिश करें कि लड़के-लड़कियों को एक जैसा पालन-पोषण दें, लेकिन उनके मस्तिष्कों के बीच का अन्तर ही अन्ततः उनकी प्राथमिकताओं व बर्ताव को निर्धारित करता है।

महिला और पुरुष में वैचारिक भिन्नताएँ स्पष्ट होती हैं, उनमें से कुछ महत्त्वपूर्ण भिन्नताओं को मैं आपको यहाँ बताना चाहूँगा—

किसी स्कूल या कॉलेज में जब किसी नई लड़की का एडमिशन होता है तो क्लास की पुरानी सभी लड़कियाँ उसका स्वागत करेंगी, उसका नाम पूछेंगी और उसे अपने ग्रुप में तुरन्त शामिल कर लेंगी, बिना यह सोचे कि वह ग्रुप में अपना क्या प्रभाव रखेगी, लेकिन लड़के ऐसा नहीं करेंगे। वे नये साथी को अपने ग्रुप में तब तक शामिल नहीं करते जब तक कि उनके ग्रुप में उसके लायक कोई काम न हो। यदि लड़कों के ग्रुप में वह उनका नया लीडर बनना चाहता है तो फिर उसे ग्रुप में शामिल होने में बहुत परेशानी आएगी या हो सकता है कि पुराना ग्रुप उसे शामिल करने के विवाद के फलस्वरूप पूरी तरह से टूट जाए और एक नया ही ग्रुप आकार ले ले। लड़के अच्छे वक्ता, बहादुर, पौरुष गुणों से युक्त गुणों वाले साथी को अपने ग्रुप या समूह में शामिल करने के लिए हमेशा लालायित रहेंगे। जबकि लड़कियाँ उस महिला साथी के साथ जल्दी घुल-मिल जाएँगी जो कि अच्छी श्रोता होंगी, जो उनके लिए हमदर्द का कार्य करे, उनकी बातों को बस ध्यान से सुन ले।

जब आप अपने किसी परिचित के यहाँ उनके बच्चों के लिए कुछ लेकर जाते हैं तो लड़कियाँ वे चीज़ें लेने के बाद आपसे बहुत देर तक बातें करेंगी, जबकि लड़के उनके लिए लाए गए खिलौने या अन्य चीज़ों को लेकर तुरन्त उनसे खेलने में व्यस्त हो जाएँगे। वे वस्तुओं के दीवाने होते हैं बनिस्बत रिश्तों के।

पाँच पश्चिमी देशों में एक अध्ययन में पुरुषों व महिलाओं से यह बताने के लिए कहा गया कि वे किस तरह का इंसान बनना चाहेंगे। पुरुषों ने काफ़ी ज़बरदस्त ढंग से निडर, प्रतिस्पर्धात्मक, सक्षम, प्रभावशाली, निश्चयात्मक, प्रशंसित और व्यावहारिक जैसे विशेषणों को चुना। उसी सूची से महिलाओं ने गर्मजोशी, स्नेही, उदार, सहानुभूतिपूर्ण, आकर्षक, दोस्ताना और समर्पित होने को चुना। महिलाओं ने अन्य लोगों की मदद के

लिए उपलब्ध होने और दिलचस्प लोगों से मिलने को अपनी मान्यताओं के पैमाने पर सबसे ऊपर रखा, जबकि पुरुषों ने प्रतिष्ठा, ताक़त और चीज़ों पर स्वामित्व को महत्त्वपूर्ण माना ।

- पुरुष प्रतिस्पर्धी होते हैं और महिलाएँ सहयोगी। प्रतिस्पर्धा, खेल, राजनीति और समूह के लीडर बनने जैसे क्षेत्रों में पुरुषों का प्रभुत्व होता है, वे एक-दूसरे से मुक़ाबला करते हैं, वे प्रतिस्पर्धा करते हैं। लड़कों या पुरुषों के किसी भी समूह को देखिए तो आप पाएँगे कि उनमें एक क्रम होता है—एक समूह का नेता होता है और बाक़ी सभी अपने-अपने स्तर के अनुरूप ग्रुप में अपनी जगह को सुनिश्चित करने के लिए प्रतिस्पर्धा करते रहते हैं। पुरुषों की प्रतिस्पर्धा का यह आलम है कि वे शिखर पर पहुँचने के लिए किसी का भी चीज़ बलिदान कर सकते हैं या किसी को भी रास्ते से हटा सकता है। इतिहास ऐसे वाक़यों से भरा पड़ा है जिसमें सिंहासन पाने के लिए पुरुषों ने ख़ून की नदियाँ बहाई हैं, इसमें उन्होंने अपने भाई या रिश्तेदारों को भी नहीं छोड़ा।

लड़कियों एवं महिलाओं के मस्तिष्क समूह में मिल-जुलकर काम करने के लिए प्रोग्राम्ड हैं, उनमें प्रतिस्पर्धा नहीं होती, उनके समूह में कोई नेता नहीं होता, जब वे किसी विषय पर किसी अन्य व्यक्ति से बात करेंगी तो सब मिलकर बात करेंगी। पुरुषों की तरह उनका कोई नेता नियुक्त नहीं होता। लड़कियाँ या महिलाएँ प्रभुत्व या रौब जमाने वाली लड़की या महिला को अपने समूह से ख़ारिज कर देती हैं तथा उसे बड़बोली या आत्ममुग्ध कहकर उसकी चुगलियाँ करती हैं।

- महिलाएँ बातचीत का प्रयोग रिश्ते एवं सहयोग के लिए करती हैं

इसलिए वे आसानी से किसी भी महिला से बात करना शुरू करके उसे अपना मित्र बना लेती हैं और उससे अपने दिल के कई राज साझा कर लेती हैं, ये राज उनके बच्चों, परिवार या फिर बेडरूम लाइफ तक से जुड़े भी हो सकते हैं, जबकि पुरुष अपने राज बहुत विशेष व्यक्ति से ही साझा करते हैं या करते ही नहीं हैं।

- पुरुष बहादुर दिखना चाहते हैं और महिला भावुक। एक शिकारी के रूप में पुरुष का विकास उसे आज वर्तमान में भी बहादुर बने रहने एवं शक्तिशाली दिखने के लिए प्रेरित करता है। समस्या में होने, परेशान होने एवं भावुक होने की स्थिति में वह अपने जज्बात को दबाए रखता है और यही उसकी आदिम प्रवृत्ति है।

पुरुष अपने मेल ईगो या बहादुर दिखने के कारण अपनी समस्याओं को बताने में शर्माते हैं। वह कमज़ोर दिखना या घोषित होना नहीं चाहते। वह नहीं चाहते कि लोग उसे कमज़ोर कहें। चिकित्सा के क्षेत्र में भी हम देखते हैं कि पुरुष ख़ासतौर से उसकी मानसिक समस्याओं को बताने में बेहद शर्मीला होता है। कई पुरुष मानसिक रोगी घोषित ना हो जाएँ इसके लिए अपनी समस्याओं और लक्षणों को अपने डॉक्टर को भी नहीं बताते। यदि डॉक्टर को दिखाने के लिए वह अपने साथ अपने रिश्तेदार या दोस्त को लाया है, तो वह अपनी समस्या को और भी ज़्यादा छुपा लेगा।

कई रोगी मानसिक समस्याओं के कारण पेट की समस्या या हृदय की समस्याओं जैसे लक्षण भी पैदा हो जाते हैं जैसे आईबीएस, अनियंत्रित धड़कन या सीने का दर्द आदि। ये मेल ईगो से पीड़ित पुरुष रोगी कई-कई महीनों तक हार्ट या पेट के चिकित्सक से महँगी जाँचें और उपचार

करवाते रहते हैं, लेकिन यह नहीं बताते कि उन्हें मानसिक पीड़ा भी है जैसे—डिप्रेशन, फोबिया, एंग्जाइटी और टेंशन आदि जिसके कारण यह लक्षण उत्पन्न हो रहे हैं। जबकि रोगों या किसी भी समस्या से निपटने के लिए सबसे ज़रूरी बात है—'उसे स्वीकार करना'। इसलिए रोगी को अपने रोग को स्वीकार करना चाहिए। यह सच है कि एक डॉक्टर के लिए भी यह एक मुश्किल काम है कि वह किसी पुरुष को बताए कि वह मानसिक रोग से पीड़ित है। क्योंकि, ऐसा सुनते ही कई पुरुष रोगी डॉक्टर पर भड़क जाते हैं और उनसे दूरी बना लेते हैं।

हमारा समाज पुरुषों को यह कहकर उनकी आदिम प्रवृत्ति को और आगे बढ़ाता है कि 'मर्द को दर्द नहीं होता', 'कैसे मर्द हो रोते हो', 'क्या लड़कियों की तरह रोने बैठ गए', 'मर्द बनो मर्द...', आदि। अपनी प्रकृति से पुरुष प्रतिस्पर्धी, संदेही, नियंत्रण से रखने वाला और एकान्तप्रिय है, जो नियंत्रण में बने रहने के लिए अपनी भावनाओं को छिपाता है। पुरुषों के अनुसार भावनाओं का खुलेआम प्रदर्शन कमज़ोरी की निशानी है।

अपने परिवार को सँभालने के लिए महिला इस तरह बनी है कि वह उदार, विश्वास करने वाली, सहयोगी, संवेदनशीलता प्रदर्शित करने वाली, भावनाओं को दिखाने वाली है और वे जानती हैं कि हमेशा नियंत्रण में बने रहना नहीं है।

जब कोई महिला परेशान या भावुक होती है तो हो सकता है कि वह रोने लगे, वह चाहती है कि कोई उसे प्रेम करे, उसकी परवाह करे और उसकी बात सुने, लेकिन पुरुष उसके बर्ताव की अपनी प्राथमिकताओं के आधार पर व्याख्या करता है। उसे दिलासा देने के बजाय पुरुष उसे सलाह देने

लगता है, उससे खोजी या तार्किक सवाल करता है या फिर उससे कहता है कि कोई ज़्यादा बड़ी बात नहीं है इसलिए ज़्यादा परेशान न हो।

पुरुष समाधान करना चाहता है जबकि महिला को हमदर्द चाहिए। पुरुषों का दिमाग़ तार्किक और समस्या को हल करने वाला होता है। वह उसके सामने उपस्थित समस्या का समाधान करने के लिए स्वयं प्रेरित होता है या फिर किसी और व्यक्ति को उस समस्या को ठीक करने के लिए प्रेरित करता है या आज्ञा देता है। संक्षेप में कहें तो पुरुष का मस्तिष्क—'समस्या सुलझाने वाली एक मशीन है।' जब भी कोई समस्या पुरुष के सामने लाई जाएगी, वह उसका समाधान खोजने में तुरन्त जुट जाएगा।

जब कोई महिला अपनी समस्याओं के बारे में बात करती है, तो पुरुष लगातार उसे बीच में टोकता है और हल सुझाता है। वह ऐसा करने के लिए मजबूर है, क्योंकि उसके दिमाग़ की प्रोग्रामिंग ही इसी तरह हुई है। समस्याओं को सुलझाने वाले उसके दिमाग़ को लगता है कि समाधान पाकर महिला को बेहतर महसूस होगा, जबकि वह तो सिर्फ़ बात करना चाहती है और उसके समाधानों को नज़रअन्दाज़ कर देती है। इससे पुरुष नाकारा व नाकाम महसूस करता है या उसे लगता है कि वह अपनी समस्याओं के लिए उस पर दोष मढ़ रही है। महिलाओं को समाधान नहीं चाहिए, वे बस बात करते रहना चाहती हैं और चाहती हैं कि कोई उनकी बात को गौर से सुने।

शादी की बात पक्की करने के पीछे का मनोविज्ञान

क्या आपने सोचा है कि जब लड़के वाले लड़की को देखने जाते हैं तो किस बात का ख़याल रखते हैं और लड़की वाले किस बात का? आख़िर

ऐसा क्यों होता है और हमारे व्यवहार के पीछे क्या कारण हैं क्या आपने कभी गौर किया है?

लड़के वाले जब जाएँगे तो वे एक अच्छी गाड़ी में लड़की वालों के घर जाएँगे यदि वह कार उनकी स्वयं की नहीं होगी तो वे किराए से लेकर जाएँगे। लड़के को महँगा सूट या कपड़े पहनाए जाएँगे और लड़की के लिए कोई महँगा गिफ़्ट या कपड़े वे लेकर जाएँगे। खाने के लिए कुछ चीज़ें या फल भी वे लेकर जाएँगे। लड़के के साथ वाले या उसके माता-पिता लड़के की उपलब्धियाँ या उसकी मोटी तनख़्वाह या फिर उसके व्यवसाय के बारे में बताएँगे (यह विवरण सत्य या असत्य हो सकता है, थोड़ा या ज़्यादा हो सकता है, लेकिन पैटर्न यही रहेगा)।

लड़की वाले लड़की को बड़ी ही सुन्दर दिखाने की कोशिश करेंगे। इसके लिए वे उसका अच्छा-सा मेकअप करवाएँगे, सबसे सुन्दर कपड़े पहनाएँगे जो उस पर जँचते हों, उसकी तारीफ़ों में सबसे अहम होगी उसकी खाना बनाने की क़ाबिलियत (वे खाना या चाय उसे ही लाने या परोसने के लिए कहेंगे), परिवार वालों से भावनात्मक जुड़ाव और सबका ख़याल और सबको साथ लेकर चलने की उसकी क़ाबिलियत का बखान करेंगे।

यदि लड़का-लड़की पहली मुलाक़ात ख़ुद करते हैं तो बातें यही होंगी बस वहाँ पर वे ख़ुद ही इसे बताएँगे—बातों या इशारों के ज़रिये।

ऐसा क्यों होता है? इसके पीछे हम मनुष्यों का आदिम विकास ज़िम्मेदार है। आदिकाल या पाषाण युग में पुरुषों का काम घर की सुरक्षा करना और भोजन की व्यवस्था करना था। स्त्री उसी पुरुष को अपना जीवनसाथी या यौन साथी बनाती थी जो उसके और उसकी भावी संतान की सुरक्षा

कर सके तथा उन्हें भोजन उपलब्ध करवा पाए। यही वजह है कि वह या उसके माता-पिता उसी लड़के को चुनेंगे जो उसे सुरक्षा और भोजन देने में सक्षम हो। इसीलिए लड़का और लड़के वाले वही चीज़ें प्रदर्शित करेंगे जो इन दोनों बातों को पूरा करने की उसकी क्षमता को बताती हैं।

आदिमकाल में महिलाओं का काम घरों पर रहकर शिशुओं के पालन और परिवार के लिए भोजन बनाना था। जिसका मनोविज्ञान का ज्ञान जितना ज़्यादा उत्कृष्ट होता था वह परिवार का ख़याल उतने ही अच्छे से रख पाती थी और भोजन पकाने के उसके हुनर से पुरुष काफ़ी प्रभावित होता था क्योंकि उसके द्वारा मेहनत से शिकार किए भोजन से जब उसकी पत्नी स्वादिष्ट व्यंजन बनाती थी तो वह उसके लिए एक अद्‌भुत अनुभव होता था और इससे उनका प्रेम बढ़ता था। पुरुष महिला में अपना यौन साथी देखता है वह अपनी संतति को आगे बढ़ाना चाहता है दुनिया के सभी जीवों की तरह और महिला पुरुष में केवल पुरुष ही अपने बीज को दूसरे यौन साथी अर्थात स्त्री में हस्तांतरण कर सकता है। वह उस स्त्री को ज़्यादा पसन्द करेगा जो उसकी सन्तान की माँ बनने के लिए सबसे उपयुक्त लगेगी शारीरिक, मानसिक और व्यावहारिक दृष्टि से। यही कारण है कि लड़की को ख़ूबसूरत बनाया या तैयार किया जाता है जब उसे लड़का देखने के लिए आता है तब।

जब यह बातें एक-दूसरे (लड़के, लड़की और परिजनों) को सही लगती है तो वह रिश्ता पक्का हो जाता है और एक नए जीवन की शुरुआत होती है...जीवनसाथी के रूप में।

लगभग सारा ही खेल हार्मोन का है

प्रेम में पड़े लोगों के हार्मोन उन्हें विशिष्ट अनुभव करवाते हैं, ये ख़ुशियों के हार्मोन होते हैं जो उनके हृदय, मन और मस्तिष्क को बिलकुल ही नया कर देते हैं। यदि आप कल एक व्यक्ति थे और आज आपको प्रेम हो गया तो कल और आज वाला व्यक्ति बिलकुल भिन्न होगा, उसके विचार, उसके हावभाव, उसकी प्रकृति, उसका स्वास्थ्य, उसका रक्त सब कुछ अलग होगा... इतना अलग कि जैसे दो अलग-अलग इंसान हों। आपके हृदय की गति, नींद, आपकी भूख, आपकी हँसी, आपकी चाल, आपके सपने सब के सब नये हो जाएँगे। जैसे पहले कोई और व्यक्ति इस शरीर में रहता था और अब कोई और ही व्यक्ति रहने आ गया है।

हार्मोन्स हम सभी जीवों में पाये जाने वाले केमिकल मैसेंजर्स हैं, अर्थात ये एक प्रकार के पोस्टमैन हैं जो कि एक अंग विशेष से निकलकर शरीर के तरल के द्वारा दूसरे अंग या कोशिकाओं को कार्य करने के लिए प्रेरित करते हैं। वर्षों तक यह माना जाता रहा है कि हार्मोन सिर्फ़ हमारे शरीर

को ही प्रभावित करते हैं और दिमाग़ और विचारों पर उनका कोई असर नहीं होता। लेकिन शोधों से यह स्पष्ट हो चुका है कि हार्मोन हमारे दिमाग़ और विचारों की प्रोग्रामिंग भी करते हैं।

महिलाओं और पुरुषों में हार्मोन का स्तर अलग-अलग होता है। पुरुषों में कुछ हार्मोन ज़्यादा मात्रा में पाये जाते हैं तो महिलाओं में कुछ हार्मोन की मात्रा ज़्यादा होती हैं। ये हार्मोन्स पुरुषों में मर्दाना गुणों के लिए ज़िम्मेदार हैं तो महिलाओं में जनाना गुणों के लिए टेस्टोस्टेरॉन एक हार्मोन होता है जो कि पुरुषों में महिलाओं की तुलना में कई गुना अधिक मात्रा में पाया जाता है। टेस्टोस्टेरॉन मर्दाना गुणों के लिए ज़िम्मेदार है जैसे—भारी आवाज़, दाढ़ी-मूँछें, लम्बा-चौड़ा क़द, मांसलता, मज़बूती, बहादुरी, आक्रामकता आदि। टेस्टोस्टेरॉन के ही कारण पुरुषों के शरीर में वसा और प्रोटीन का अनुपात 15 प्रतिशत और 45 प्रतिशत होता है।

एस्ट्रोजन एक मादा हार्मोन है, जो कि महिलाओं में अधिक मात्रा में पाया जाता है। एस्ट्रोजन महिला गुणों के लिए ज़िम्मेदार है। यह महिलाओं को संतुष्टि व सुख का एहसास कराता है और यही उन्हें पालन-पोषण व परिवार की रक्षा के लिए भी प्रेरित करता है। एस्ट्रोजन के कारण महिलाओं के शरीर में वसा और प्रोटीन का अनुपात 26 प्रतिशत और 20 प्रतिशत होता है। पुरुषों की तुलना में उनमें इस अतिरिक्त वसा का उद्देश्य स्तनपान के लिए अतिरिक्त ऊर्जा देना है और ऐसे समय में उन्हें सुरक्षा देना जब भोजन की कमी की आशंका हो।

इसके पश्चात् प्रोजेस्ट्रॉन भी एक फीमेल हार्मोन है, यह पालन-पोषण के एहसास के लिए ज़िम्मेदार है, इसका काम महिलाओं को बच्चे को पालने के लिए प्रोत्साहित करना है। महिला जब किए बच्चे को सिर्फ़ देखती ही

है तो उससे ही उनके शरीर में प्रोजेस्ट्रॉन का स्तर बढ़ जाता है। शोध तो यह भी दर्शाता है कि जब वे गोल-मटोल और मुलायम बच्चे के आकार के खिलाने को भी देखती या छूती हैं तो भी उनके शरीर में प्रोजेस्ट्रॉन का स्राव बढ़ जाता है। यही वजह है कि महिलाओं या युवतियों को टेडीबियर या शिशु के आकार के खिलौने जैसे डॉल्स या टेडीबियर क्यों इतने भाते हैं। चूँकि पुरुषों में प्रोजेस्ट्रॉन हार्मोन का स्तर कम होता है इसलिए वे महिलाओं के डॉल्स या टेडीबियर को लेकर दीवानगी को नहीं समझ पाएँगे।

50 वर्ष की आयु के बाद पुरुषों के टेस्टोस्टेरॉन का स्तर घटने लगता है इसलिए उनकी आक्रामकता आयु के साथ कम होती जाती है और जोखिम लेने की उनकी सोच में भारी बदलाव आ जाता है। वे अब क्रान्ति करना या बदलाव लाना नहीं चाहते। वे जो हो रहा है उसी को होने देना चाहते हैं।

महिलाओं में मेनोपॉज के बाद टेस्टोस्टेरॉन स्तर बढ़ने लगता है और एस्ट्रोजन का स्तर कम होने लगता है इसलिए मेनोपॉज के बाद महिलाओं में महिलाओं वाले गुणों में कमी तथा पुरुष गुणों की वृद्धि हो जाती है अर्थात वे आक्रामक हो जाती हैं और उनकी आवाज़ भी कठोर हो जाती है।

टेस्टोस्टेरॉन पुरुषों में मुक़ाबला, सफलता, जोख़िम लेने और उपलब्धि या पद पाने की भावनाओं के लिए प्रेरित करता है। यही वजह है कि पुरुष खेलों, प्रतिस्पर्धा, अपराध एवं युद्धों में अधिक शामिल होते हैं एवं उनका इन क्षेत्रों में एकछत्र राज भी है। टेस्टोस्टेरॉन से न केवल उपलब्धियों का स्तर बढ़ता है, बल्कि उससे और अधिक टेस्टोस्टेरॉन भी बनता है। जैसे-जैसे व्यक्ति उपलब्धि हासिल करता जाता है उसमें टेस्टोस्टेरॉन और बढ़ता जाता है। यही वजह है कि सफल पुरुष लम्बे समय तक युवा रहते

हैं और असफल पुरुष जल्द ही बूढ़े हो जाते हैं।

टेस्टोस्टेरॉन ही वह कारण है जिसने कि पुरुषों को पूरे मानव इतिहास पर वर्चस्व दिया है। यह पूरी तरह से सत्य है कि भविष्य में भी उन्हीं पुरुषों का वर्चस्व रहेगा जिनमें टेस्टोस्टेरॉन का स्तर अधिक होगा तथा वही महिला पुरुषों के क्षेत्रों में दखल देगी जिसका कि टेस्टोस्टेरॉन सामान्य से अधिक होगा।

वर्तमान में शारीरिक मेहनत कम होती जा रही है और दिमाग़ी गतिविधियाँ बहुत अधिक बढ़ गई हैं। शारीरिक श्रम की कमी के कारण स्टोर्ड टेस्टोस्टेरॉन की मात्रा पुरुषों में आक्रामकता बढ़ा रही है, वे ज़्यादा तनावयुक्त और झगड़ालू हो गए हैं इससे उनका पारिवारिक जीवन भी प्रभावित हो रहा है। उनमें अपराध और हिंसा बढ़ रही है।

महिलाएँ अब पुरुषों के काम कर रही हैं। वे गृहिणी होने के साथ-साथ कामकाजी महिला भी हैं जिससे उनका नारीत्व गुण प्रभावित हो रहा है। उनमें एस्ट्रोजन और प्रोजेस्टॉन की मात्रा में कमी हो रही है जिससे वे अधिक मर्दाना या आक्रामक हो रही हैं और नारीत्व के गुण उनमें कम होते जा रहे हैं। महिला और पुरुष दोनों के हार्मोन्स में हुए ये परिवर्तन हमें पता होने ही चाहिए, जो बताते हैं कि हम बदल रहे हैं और हमें स्वयं को भी बदलना चाहिए ताकि रिश्तों की मधुरता बनी रहे। याद रखें हार्मोन में आया भूचाल स्त्री-पुरुष के सम्बन्धों में भी तूफ़ान ज़रूर लाएगा और ला रहा है।

महिला और पुरुष के लिए सेक्स के मायने

मनुष्य का सेक्स केन्द्र मस्तिष्क के हाइपोथैलेमस में स्थित होता है। दिमाग़ का यह अतिमहत्त्वपूर्ण हिस्सा भावनाओं, ब्लडप्रेशर तथा धड़कनों को नियंत्रित करता है। यह चेरी के आकार का लगभग 4 से 5 ग्राम का होता है। इसका आकार पुरुषों में बड़ा होता है तथा महिलाओं में पुरुषों की अपेक्षा छोटा। सेक्स की इच्छा को उकसाने का काम टेस्टोस्टेरॉन हार्मोन इसी हाइपोथैलेमस में करता है। चूँकि टेस्टोस्टेरॉन का स्तर पुरुषों में महिलाओं से 10 से 20 गुना अधिक होता है तथा हाइपोथैलेमस का आकार भी बड़ा होने के कारण पुरुषों में सेक्स की रुचि महिलाओं से कई गुना अधिक होती है। यही वजह है कि पुरुष किसी भी जगह एवं किसी भी समय सहवास करने के लिए तैयार रहते हैं लेकिन महिलाएँ नहीं।

स्त्री व पुरुषों की यौन प्राथमिकताएँ एक-दूसरे से बिलकुल अलग हैं। दोनों ही इस क़ुदरत के क़ानून के आगे कुछ नहीं कर सकते, वे बेबस हैं। एक बात याद रखें, 'स्त्री-पुरुष विपरीत ध्रुव हैं इसलिए एक-दूसरे को

इतना आकर्षित करते हैं और करते रहेंगे।'

पुरुषों में इस सेक्स को लेकर अतिउत्तेजना का कारण यह भी है कि उसे मानव जाति को आगे बढ़ाने का दायित्व दिया गया है। इसके लिए आवश्यक है कि उसकी सेक्स उत्तेजना को तीव्रता के साथ एकाग्र होना चाहिए जिससे कि वह किसी भी परिस्थिति में यौन सम्बन्ध बना सके। पाषाण काल में पुरुषों को कम समय में जितनी जल्दी सम्भव हो वीर्य का स्खलन करने की ज़रूरत थी, ताकि वह किसी शिकारी या शत्रु की पकड़ में न आ सके। वह अपने बीज को महिला के गर्भाशय में जल्द से जल्द पहुँचा सके और संतति को आगे बढ़ा सके। किन्जी यूनिवर्सिटी में हुए शोध में पाया गया कि 37 प्रतिशत पुरुष हर 30 मिनट में सेक्स के बारे में सोचते हैं, जबकि केवल 11 प्रतिशत महिलाएँ ही ऐसा करती हैं। इस अन्तर की वजह पुरुषों में टेस्टोस्टेरॉन का स्तर उच्च होना है जो पुरुषों को सेक्स के लिए हमेशा तैयार रखता है। पुरुषों में टेस्टोस्टेरॉन का स्तर सूर्योदय के समय अन्य समय के मुक़ाबले दो गुना ज़्यादा होता है, टेस्टोस्टेरॉन दिन भर में पाँच से सात लहरों के रूप में आता है।

महिला का हाइपोथैलेमस पुरुषों की तुलना में काफ़ी छोटा होता है तथा उसे सक्रिय करने के लिए टेस्टोस्टेरॉन का स्तर भी उनके शरीर में कम होता है। यही वजह है कि महिलाओं की सेक्स उत्तेजना पुरुषों की तुलना में कम होती है और वे आक्रामक भी कम होती हैं।

नौ महीने की गर्भावस्था के दौरान अधिकांश समय महिलाओं के क्रियाकलाप सीमित हो जाते हैं और मनुष्यों के बच्चे पाँच से सात साल की उम्र के बाद ही ख़ुद खा-पी सकते हैं व अपनी थोड़ी-बहुत सुरक्षा कर

सकते हैं। यही वजह है कि महिलाएँ उसकी सन्तान के सम्भावित पिता में भोजन, आश्रय व सुरक्षा उपलब्ध कराने की क्षमता जैसे गुणों को देखकर ही उसके साथ सम्बन्ध स्थापित करती हैं। महिलाओं का मस्तिष्क ऐसे पुरुषों को खोजता है, जो उसकी सन्तान के पालन-पोषण करने और उनको सुरक्षा देने में सक्षम और प्रतिबद्ध हो।

पुरुषों का टेस्टोस्टेरॉन का स्तर युवावस्था को प्राप्त करने के बाद उम्र बढ़ने के साथ-साथ कम होने लगता है, जिससे उसकी सेक्स उत्तेजना कम होती जाती है। 17 से 20 के बीच यह उत्तेजना सर्वाधिक होती है। लेकिन इसके विपरीत महिलाओं की सेक्स उत्तेजना उम्र के साथ बढ़ती है, और यह चरमावस्था 36 से 38 की आयु में चरम पर होती है।

सेक्स स्त्री-पुरुष दोनों की सेहत के लिए काफ़ी लाभदायक होता है। सेक्स के दौरान एंडॉर्फिन्स नामक हार्मोन का स्राव होता है जो कि नेचुरल पेनकिलर है। सेक्स में चरम पर पहुँचने से ठीक पहले डी-हाइड्रो एपियनड्रोस्ट्रॉन (डी.एच.ई.) हार्मोन भी निकलता है, जो इम्युनिटी को बढ़ाता है, ट्यूमर की वृद्धि को रोकता है, हड्डियों को मज़बूत बनाता है और तनाव को कम करता है। महिलाओं में सेक्स के दौरान ऑक्सिटोसिन और एस्ट्रोजन स्तर बढ़ता है जो हड्डियों और दिल के लिए एक बेहतरीन टॉनिक है और स्ट्रेस को कम करते हैं।

पुरुषों को पोर्न वीडियो और मॉडल्स के सेक्सी फोटो भाते हैं क्योंकि वे अपनी आँखों के माध्यम से उत्तेजित होते हैं और उनके विपरीत महिलाएँ कानों के माध्यम से उत्तेजित होती हैं। पुरुषों के मस्तिष्क महिलाओं के आकार को देखने के लिए प्रोग्राम्ड होते हैं। इसके विपरीत महिलाएँ

संवेदनशील होती हैं उन्हें मीठे शब्द या अपनी तारीफ़ सुनने से उत्तेजना महसूस होती है। किसी सुन्दर एवं सेक्सी महिला को देखते हुए कोई पुरुष उसके व्यक्तित्व एवं उसके संस्कारी होने के बारे में नहीं सोचता और न ही वह यह विचार करता है कि वह कितनी इंटेलिजेंट है और उसे अच्छा खाना पकाना आता है या नहीं। वह तो केवल उसके आकार और शारीरिक सुन्दरता को देखता है। यही वजह है कि किसी आकर्षक देह वाली महिला जो कि उसकी सन्तान की माँ बनने के लिए उपयुक्त होती है जब उसके सामने से गुज़रती है तो वह बिना चाहे ही उस पर मोहित होकर उसे घूरने या देखने लगता है।

महिलाएँ सोचती हैं कि पुरुष उनमें ख़ूबसूरती, सुन्दर देह, वक्ष और नितम्ब को देखते हैं, इसलिए वे पुरुष के सामने मेकअप करके जाती हैं, अपने वक्ष को ठीक करती हैं, जैसे दुपट्टे को ठीक करती हैं और नितम्बों को सुन्दर दिखाने के लिए ऊँची हील के सैंडल्स पहनती हैं या जींस या टाइट सलवार-सूट पहनती हैं। जबकि पुरुष महिला में व्यक्तित्व को पहले पायदान पर रखते हैं फिर सुन्दरता और फिर दिमाग़ को स्थान देते हैं।

अधिकांश नर स्तनधारियों की तरह पुरुषों के मस्तिष्क की संरचना इस प्रकार की है कि वह अपने यौन साथी की तलाश करता है और अधिक से अधिक महिलाओं के साथ सहवास करना चाहता है। सदियों से संसार में बहुपत्नीक व्यवस्था रही है हर संस्कृति में। परन्तु 1960 के दशक के बाद एक पत्नी सम्बन्धों को समाज अधिक स्वीकार करने लगा है। यह जैव वैज्ञानिक तथ्य है कि पुरुष अधिक महिलाओं के साथ संभोग करना चाहता है, लेकिन एक पत्नी सम्बन्ध में यदि कोई नयापन हो, तो यह

पुरुषों को बहुत भाता है। यही वजह है कि ऑनलाइन स्टोर्स से उत्तेजक अन्तर्वस्त्र पुरुष अधिक ख़रीदते हैं। ऑनलाइन स्टोर्स वाले जानते हैं कि उनके उन अन्तर्वस्त्रों को पुरुष अधिक ख़रीदते हैं जिसमें सेक्सी मॉडल उसे पहनी हो तथा वह चटख रंगों वाला हो। पुरुष उन्हें अपनी पत्नी को पहनाकर अपने मन में उस मॉडल का विचार लाते हैं और उनकी संभोग क्रिया वाकई इससे प्रभावित नहीं बहुत ज़्यादा प्रभावित होती है।

एक अमेरिकी शोध बताता है कि सफेद अन्तर्वस्त्र पहनने वाली महिलाओं के मुक़ाबले जो महिलाएँ विभिन्न प्रकार के कामोत्तेजक अन्तर्वस्त्र पहनती हैं, सामान्य तौर पर उनके साथी उनके प्रति वफादार रहते हैं क्योंकि एक पत्नी सम्बन्ध में पुरुष की विविधता की इच्छा को यह तरीक़ा पूरा करता है।

महिलाएँ अपने प्रेम को बढ़ाने के लिए तरह-तरह के रंगों एवं प्रकार के वस्त्र पहनें ताकि उसका पति अधिक संतुष्टि महसूस करे। जैसे आप सलवार-सूट, साड़ी, पंजाबी, साउथ इंडियन आदि ड्रेस को कभी-कभार ज़रूर आजमाएँ। महिलाएँ अपनी हेयर स्टाइल को भी अलग-अलग तरह से सेट करें—कभी खुले बाल रखें, कभी एक चोटी, तो कभी दो चोटियाँ बाँधें, कभी जूड़ा बाँधें तो कभी लटों को आगे चेहरे पर लटकने दें। यही प्रयोग महिला अपनी लिपस्टिक, काजल एवं परफ्यूम्स की ख़ुशबुओं के साथ भी दोहराएँ। ये हल्के से या मामूली परिवर्तन आपके प्रेम सम्बन्ध को हमेशा तरोताजा और नया रखेंगे।

पुरुष को भी महिलाओं की अपेक्षाओं को समझना चाहिए मानव विकास के शुरुआत से ही महिलाएँ ऐसे पुरुषों को पसन्द करती आ रही हैं जिनके चौड़े कंधे हों, सुडौल बाँहें और लम्बा कद हो, यह सारे गुण एक शिकारी

पुरुष के हैं जो कि प्राचीन काल में परिवार के लिए भोजन तलाशने और रक्षा के लिए आवश्यक गुण थे। इनके अलावा महिलाओं को देखभाल करने वाला, सौम्य, सुन्दर, मधुर लेकिन तेज़ आवाज़ वाले, मीठी बातें करने वाले पुरुष बहुत भाते हैं।

पुरुष का विकास यदि हम देखें तो मूलतः समस्याओं को सुलझाने, शिकार का पीछा करने, शत्रुओं से लड़ने एवं परिवार की सुरक्षा के लिए विकसित हुआ है। इस विकास के साथ एक गड़बड़ यह है कि वह भावनाओं को समझने में काफ़ी कमज़ोर होता है। पुरुष को महिलाओं को प्रेम तथा आनन्द देने की कला में निपुण होना आवश्यक है जिसके लिए उसे प्रशिक्षण अवश्य लेना चाहिए।

सहवास की इच्छा उत्पन्न करने के लिए महिला को यह महसूस करवाने की ज़रूरत है कि उसे कोई प्यार करता है, उसे अपार चाहता है और वह किसी के लिए बेहद महत्त्वपूर्ण है। हर पुरुष को यह जान लेना चाहिए कि 'महिलाओं को संभोग से पहले भावनाओं की आवश्यकता होती है।'

महिला और पुरुष के लिए सेक्स कितना महत्त्वपूर्ण है

एक जीव होने के नाते मनुष्यों में भी अपनी संतति को उत्पन्न करने की प्रबल आकांक्षा होती है। वे चाहते हैं कि उनकी संतति या बीज फैले तथा संसार में अपनी उपस्थिति दर्ज कराए और अनंतकाल तक उनका बीज चलता रहे। ये संतान उत्पत्ति की लालसा ही प्रमुख कारण है मनुष्यों में सेक्स की भावनाओं के लिए। स्त्री में पुरुषों से भिन्न सेक्स भावना होती है तथा पुरुषों की सेक्स भावनाएँ स्त्रियों से बिलकुल जुदा होती है।

यदि आप ग़ौर से देखेंगे तो पाएँगे कि पुरुष और स्त्रियों के आपस के सभी क्रिया-कलाप एक-दूसरे को यौन रूप से आकर्षित करने के लिए होते हैं। हम हमेशा अपने लिए एक साथी की तलाश में होते हैं। महिलाओं के श्रृंगार हों या पुरुषों का अपनी सफलताओं का दिखावा हो...वह अपने साथी को पाने के लिए ही होता है।

पुरुष के लिए सेक्स सब कुछ है, लेकिन महिला के लिए सेक्स केवल जीवन का एक हिस्सा भर। पुरुष के लिए सेक्स भोजन है, लेकिन स्त्री के लिए सेक्स भोजन में सम्मिलित बस एक चटनी। पुरुष को सेक्स का लालच देकर कुछ भी करवाया जा सकता है, लेकिन स्त्री को सेक्स का प्रलोभन देना ही मूर्खतापूर्ण कार्य है। पुरुषों ने कई सिंहासन, पद, सम्पत्ति एवं मान-सम्मान सेक्स के कारण गँवाया है, लेकिन स्त्रियों के ऐसे उदाहरण बिरले ही हैं। पुरुष अधिकांश समय सेक्स के बारे में ही सोचते रहते हैं, लेकिन स्त्री कभी-कभार ही इस पर ध्यान देती है। सुन्दर महिला को पाने के लिए पुरुषों ने कई बार युद्ध किए हैं, जान तक गँवाई है, लेकिन सुन्दर पुरुष को पाने के लिए महिलाओं ने न कोई युद्ध किया, न अपनी जान गँवाई।

चूँकि पुरुष का कार्य अपने बीज (शुक्राणुओं) को किसी महिला के गर्भ में स्थापित करने के लिए जीव-विज्ञानी दबाव होता है जबकि महिला को उस बीज को नौ माह तक गर्भ में रखना होता है तथा उसके बाद लगभग 15 वर्ष तक उसका पालन-पोषण भी करना होता है इसलिए सेक्स उसके लिए कई चुनौतियाँ लेकर आता है। इसलिए उसमें सेक्स की चाहत इतनी आक्रामक नहीं होती। वह जब भरोसा कर लेती है कि भावी पिता उसकी तथा उसकी संतान की सुरक्षा एवं पालन-पोषण की ज़िम्मेदारी ले सकता है तभी वह उसके साथ सेक्स के लिए तैयार होती है। यह बात भी सच है कि आजकल गर्भनिरोधकों और गर्भपातकों के प्रचलन के कारण महिलाएँ भी सेक्स का जोखिम लेने लगी हैं तथा वे अपने पसन्दीदा मर्द के साथ सम्बन्ध बनाने के लिए आतुर हो सकती हैं, लेकिन यह आतुरता पुरुष की आतुरता के सामने अब भी कुछ नहीं है। यदि कोई स्त्री किसी पुरुष के

साथ सम्बन्ध बनाएगी तब भी वह अपनी सुरक्षा को प्राथमिकता अवश्य देगी। यदि उसकी आर्थिक या सामाजिक सुरक्षा ख़तरे में होगी तो वह सेक्स सम्बन्ध के लिए कभी तैयार नहीं होगी।

पुरुषों के लगभग सारे कार्य सेक्स के लिए ही होते हैं। वे चाहते हैं कि अधिक से अधिक महिलाओं के साथ सेक्स करें। पुरुषों का बॉडी बिल्डिंग करना, बेहतरीन सूट पहनना, रौबदार आवाज़ का प्रयोग, सेंट या परफ्यूम लगाना, बालों को सँवारना, महँगी एसेसरीज़ पहनना आख़िर किस लिए है? हाँ, यक़ीनन यह महिलाओं को प्रभावित करने के लिए ही तो है और महिलाओं को प्रभावित किसलिए किया जा रहा है? हाँ, सेक्स सम्बन्ध बनाने के लिए। चाहे ये भावना पुरुष के अवचेतन में हो और प्रत्यक्ष रूप से वह इसे न स्वीकारे।

महिलाओं का सजना-सँवरना, लिपस्टिक से होंठों को लाल करना ताकि पुरुष के अवचेतन को सन्देश जाए की वे उत्तेजना महसूस कर रही हैं, ऊँची हील पहनना ताकि पुरुष को उसके नितम्ब जो कि हील के कारण उठे हुए दिखते हैं से यह सन्देश जाए कि वह यौन रूप से सक्रिय है तथा माँ बनने के अधिक अनुकूल है। महिलाएँ तंग कपड़े पहनकर अपने कर्व दिखाकर पुरुषों को आकर्षित ही तो करती हैं। तंग एवं फोम युक्त ब्रा का प्रयोग करके वे स्तनों को सुन्दर किसलिए दिखाती हैं? महिलाओं का काजल लगाना, बालों को सँवारना, ज्वैलरी पहनना, स्किन टाइट कपड़े पहनने का आख़िर अन्तिम लक्ष्य क्या है? यही न कि उन्हें अपना साथी प्राप्त हो जाए। चाहे कई महिलाएँ इस तथ्य को न जानती हों, पर यह जैव-वैज्ञानिक तथ्य है।

पुरुष और महिला में अन्तर सिर्फ़ यह है कि पुरुष लगभग दुनिया की सारी सुन्दर स्त्रियों को अपना बनाना चाहता है जबकि महिला केवल एक का साथ पाना चाहती है, जो उसे सम्पूर्ण सुरक्षा एवं प्रेम का एहसास कराए।

नेटफ्लिक्स की एक विश्वप्रसिद्ध वेबसीरीज़ है 'हाउस ऑफ़ काड्र्स' जिसमें अमेरिका के राष्ट्रपति का किरदार ऑस्कर अवार्ड विजेता केविन स्पेसी ने निभाया है। एक जगह उनका संवाद है कि "मर्द का हर काम सेक्स के लिए होता है सिवाय सेक्स करने के, क्योंकि सेक्स वह पॉवर पाने के लिए करता है।" यह संवाद बहुत गहरा और सत्य है। जब मर्द सेक्स कर रहा होता है तो वह क्रिया उसे शक्तिशाली अनुभव करवाती है, उसमें आत्मविश्वास का संचार करती है उसे लगता है कि वह संसार में अब कुछ भी कर सकता है। यही वजह होती है कि सेक्स करने में असमर्थ मर्द में कोई जोश और जुनून नहीं होता। एक आयु के बाद जब वह सेक्स करने में असमर्थ हो जाता है तब भी उसमें कोई परिवर्तन लाने की चाह या कुछ कर गुज़रने का जज़्बा नहीं रहता। पुरुषों में उनकी सफलता के पीछे सेक्स भी होता है या मनोवैज्ञानिक रूप से तो यह भी कहा जा सकता है कि पुरुषों की सफलता के पीछे सेक्स ही होता है। शायद इसीलिए कहा जाता है कि हर पुरुष की सफलता के पीछे एक महिला होती है जो उसे इतने आत्मविश्वास से भर देती है कि वह कुछ भी पा लेता है।

पुरुषों को महिलाओं की सुन्दरता मोह लेती है तो महिलाओं को पुरुषों की सम्पत्ति। यही कारण है कि सदियों से पुरुष नगरवधुओं की सुन्दरता पर अपनी सम्पत्ति लुटाता आया है, क्योंकि मनोविज्ञान यही है कि महिला को सुरक्षा के लिए धन की आवश्यकता होती है और पुरुषों को संतुष्टि के लिए सौन्दर्य और सेक्स की।

पुरुषों की यह विकासमूलक प्रवृत्ति है कि वह अधिक से अधिक संतानों की उत्पत्ति करे ताकि मानव जाति का अस्तित्व बचा रहे। यही कारण है कि वह अधिक से अधिक महिलाओं से सेक्स के लिए लालायित रहता है। यदि उसे आज़ादी दे दी जाए तो शायद वह इसके अलावा कोई अन्य कार्य ही न करे।

मंगोल शासक चंगेज़ ख़ाँ इसका सर्वश्रेष्ठ उदाहरण है। उसने जहाँ-जहाँ का राज्य जीता वहाँ की अधिकांश महिलाओं के साथ बलात्कार किया और एक अनुमान है कि चंगेज़ ख़ाँ लगभग 8 प्रतिशत मध्य-एशियावासियों का पर-पर-पर दादा या नाना है।

पूरे संसार में केवल 3 प्रतिशत जीव ही मोनोगेमस (एक मादा पर आश्रित) होते हैं उदाहरण पेंगुइन्स। मनुष्य उस 3 प्रतिशत में शामिल नहीं है वह तो 97 प्रतिशत जीवों का प्रतिनिधित्व करता है। पुरुष सेक्स को युद्ध की तरह देखता है और महिला जुड़ाव की तरह। यदि पुरुष सेक्स के दौरान किसी समस्या से ख़ुद को पीड़ित पाता है तो वह स्वयं को एक हारे हुए इंसान के रूप में देखता है; यदि बार-बार ऐसा होता है तो वह ख़ुद को एक पराजित योद्धा मानने लगेगा और अवसाद से पीड़ित हो जाएगा। यदि महिला अपने पति में यह समस्या देखती है तो वह समझेगी कि उसके पति को उसमें अब दिलचस्पी नहीं है और उसे उसमें जुड़ाव कम होता दिखेगा।

युद्धों और दंगों में एक चीज़ आम होती है और वह है बेचारी अभागी महिलाओं का बलात्कार। युद्ध जीतने के बाद विजेता सैनिक क्या करते हैं? उन्हें धन लूटने से ज़्यादा जल्दी महिलाओं की आबरू लूटने की होती है। दंगाई क्या करते हैं? वे भी पुरुषों को मौत के घाट उतारकर महिलाओं

की अस्मत लूटते हैं। अधिकतर युवा एवं अधेड़ पुरुष अपनी पत्नी, माँ, बहन और बेटियों की अस्मत बचाने के लिए युद्धों एवं दंगों में अपनी जान गँवा देते हैं या दूसरों की जान ले लेते हैं।

यह मनुष्य का अपना ही अन्दाज़ है कि हम उस पुरुष को अच्छा मानते हैं जिस पर कई महिलाएँ फिदा हों। माता-पिता अपने बेटे की तारीफ़ों के पुल बाँध देंगे यदि उसकी कई गर्लफ्रेंड हों। वे उसकी कूलनेस या स्मार्टनेस को बढ़ा-चढ़ा कर बताएँगे, लेकिन यही बात उनकी पुत्री के साथ हो तो वे उसे समझाइश देंगे, पहरे बैठाएँगे या हो सकता है उसे रोकने के लिए हिंसा का भी सहारा लें। ऑनर किलिंग की बढ़ती घटनाएँ इसका प्रमाण हैं। पिता पर यदि महिलाएँ लट्टू हैं तो संतान उस पर गर्व कर सकती है, लेकिन यदि माँ का किसी पराए पुरुष से सम्बन्ध है तो वह सब कुछ खो देती है।

पुरुष के यदि पत्नी के अलावा किसी और से शारीरिक सम्बन्ध हों तो महिला उसे हो सकता है कि माफ़ कर दे, लेकिन यदि पत्नी के पति के अलावा किसी अन्य पुरुष से सम्बन्ध पता चलने पर लगभग 99 प्रतिशत सम्भावना है कि वे अलग हो जाएँगे या हो सकता है पुरुष उसे जान से भी मारने की कोशिश करे। अर्थात स्पष्ट है कि सेक्स की चाह पुरुष की आदिम प्रवृत्ति है तथा सुरक्षा एवं घरौंदे या अपने घोंसले का निर्माण करना महिला की आदिम प्रवृत्ति। महिला के लिए अपना पति सब कुछ है तो पुरुष के लिए पत्नी केवल एक सेक्स पार्टनर। महिला के सारे सपने, सारे विचार, सारे काम, अपने परिवार और पति के लिए हैं तो पुरुष के सारे काम सेक्स के लिए। पत्नी अपने पति से सुरक्षा एवं हमदर्दी चाहती है जबकि पति अपनी पत्नी से केवल सेक्स। यही कारण है कि पत्नी से वियोग

या सम्बन्ध विच्छेद या मृत्यु से पति को इतना सदमा नहीं लगता यदि वह सेक्स के मामले में सक्रिय है तो, क्योंकि उसे सेक्स पार्टनर के रूप में एक नई साथी मिल जाती है। इसके ठीक विपरीत महिला पति के वियोग या मृत्यु से टूट जाती है क्योंकि उसका घरौंदा तहस-नहस हो जाता है और एक नये भरोसेमंद साथी की तलाश कोई आसान काम नहीं होता। फिर याद रखें यह विचारधारा स्त्री-पुरुष की जैव-वैज्ञानी एवं आदिम प्रवृत्ति है जो उन्हें ऐसा करने के लिए प्रेरित करती है और करती रहेगी।

महिला और पुरुष शादी के बाद भी अन्य साथी की तलाश क्यों करते हैं?

प्रेम को जब चोट लगती है तो वह क्रोध बन जाता है, जब वह विक्षुब्ध होता है तो ईर्ष्या बन जाता है। जब उसका प्रवाह होता है, वह करुणा है और जब वह प्रज्वलित होता है तो परमानंद बन जाता है।

—अज्ञात

कई महिला और पुरुषों के विवाहेतर भी सम्बन्ध बन जाते हैं। ऐसा क्यों होता है? इसके भी जीव-विज्ञानी कारण हैं। आइए इसे समझें—

जैसा कि हम जान चुके हैं कि पुरुष जीव-विज्ञानी रूप से पोलीगेमस है। अर्थात वह एक से अधिक महिला के साथ सम्बन्ध बनाने के लिए प्रेरित होता है ताकि वह अपने बीज को अधिक से अधिक मात्रा में फैला सके एवं अपनी संतति को आगे बढ़ाए। यही वजह है कि किसी भी धर्म ने पुरुषों को एक विवाह में नहीं बाँधा, वह एक से अधिक विवाह कर

सकता है ताकि उनके अनुसार उसकी उत्तेजना समाज को ख़राब न करे। शायद हमारे धर्म हमारी आदिम भावनाओं को ज़्यादा अच्छे से समझते थे, बनिस्बत आधुनिक क़ानून एवं सभ्यता निर्माताओं के।

पुरुष हर 30 मिनट में सेक्स के बारे में सोचता है इसकी वजह उसके शरीर में मौजूद टेस्टोस्टेरॉन का उच्च स्तर है। वह जब भी किसी महिला के सम्पर्क में आएगा जो उसे संतानोत्पत्ति के लिए उपयुक्त लगेगी, वह उससे सेक्स करना चाहेगा। अत: स्पष्ट है कि पुरुष के विवाहेतर सम्बन्ध की वजह केवल और केवल सेक्स है। सेक्स का आवेग पुरुष के लिए सबसे असहनीय आवेग होता है। वह उन्हें लगभग बंदी बना देता है। इस आवेग के कारण ही कई धर्मगुरु, शासक, संन्यासी एवं नेताओं ने अपनी साख, इज़्ज़त और पदवी गँवाई है।

मोसाद जो कि विश्व की सबसे बड़ी ख़ुफ़िया एजेंसी है, के एक अधिकारी ने कहा था कि—'हमारा सबसे बड़ा और भरोसेमंद हथियार औरत है, इसकी वजह यह है कि वह औरत है।'

ब्रिटिश यूनिवर्सिटी के एक शोध में पाया गया कि जिन पुरुषों का आईक्यू हाई होता है वे अपनी पत्नी को कम धोखा देते हैं।

लंदन स्कूल ऑफ़ इकोनॉमिक्स के डॉ. सतोशी कानाज़ावा ने अपने शोध से निष्कर्ष निकाला कि अधिक आईक्यू वाले पुरुष मोनोगेमी को ज़्यादा महत्त्व देते हैं, बनिस्बत कम आईक्यू वाले पुरुषों के। इसलिए यदि आपके पति ज़्यादा समझदार और इंटेलिजेंट हैं तो उनके बेवफा होने की सम्भावना कम है।

महिलाओं के विवाहेतर सम्बन्धों की वजह सेक्स ज़्यादा नहीं है। हालाँकि

अख़बार, मीडिया, टेलीविज़न, मैग़जीन यह चीख़-चीख़कर कह रहे हैं कि महिलाएँ सेक्स की भूखी हैं तथा पुरुष उसकी भूख को शान्त करने में असफल हुआ इसलिए उसके कई मर्दों से सम्बन्ध बने। यदि हम अख़बार और मीडिया की मानें तो लगभग सभी महिलाएँ चरित्रहीन लगेंगी। रुकिए, थोड़ा सोचिए और बताइए कि आपके रिश्तेदारों या पड़ोस में कितनी चरित्रहीन महिलाएँ रहती हैं। बहुत ज़्यादा ज़ोर डालेंगे तो एक या दो महिलाओं के नाम आपको याद आएँगे। जबकि मीडिया तो सभी को चरित्रहीन बता रहा है!

लेकिन यह भी सत्य है कि महिलाओं के अन्य पुरुषों से सम्बन्ध बन जाते हैं और इसकी प्रमुख वजह है उसके जीवन में 'हमदर्द का अभाव।' यही कारण है कि हमदर्दी पाने के लिए जब महिला अपने पति या प्रेमी की निंदा किसी पर-पुरुष से करती है तो वह पुरुष इस निंदा को प्रणय निवेदन समझ लेता है।

पुरुषों को अपने साथी से सेक्स चाहिए और महिला को उससे हमदर्दी। यदि किसी महिला का पति उससे बात नहीं करता, उसकी समस्या को नहीं सुनता, उसके साथ समय नहीं बिताता या उसे सुरक्षा की गारंटी नहीं देता तो उस महिला के मन में अन्य हमदर्द पुरुष का ख़याल अवश्य आएगा। चाहे उसके पति में असाधारण पौरुष या सेक्स शक्ति ही क्यों न हो।

यदि महिला किसी पर-पुरुष से अपने पति की बुराई करती है या उसकी कमियाँ गिनाती है तो पुरुष उसे प्रणय निवेदन मानता है। पुरुष का मस्तिष्क अपने प्रतिद्वंद्वी (अर्थात उस महिला के पति) की हार मानकर उसे एक ट्रॉफी मानकर पा लेना चाहता है। लेकिन इसके मूल में भी सेक्स ही होगा,

चाहे महिला को वह कुछ हमदर्द या आर्थिक सुरक्षा प्रदान करने वाला प्रतीत हो रहा है। पुरुष महिला से हर कार्य के बदले केवल और केवल सेक्स ही चाहता है। यदि महिला चाहती है कि कोई अन्य पुरुष उसकी बातों को ग़लत न समझे तो उसे अपने पति के दोष या अवगुण किसी अन्य पुरुष के सामने नहीं रखने चाहिए।

महिला किसी ऐसे व्यक्ति को विवाहेतर पसन्द करेगी जिसके साथ वह अपने दिल का ग़ुबार निकाल सके या जिसके साथ उसे अधिक सुरक्षा महसूस हो। इस सुरक्षा में आर्थिक सुरक्षा सबसे अधिक बलवान होती है।

यदि पुरुष चाहते हैं कि उनकी पत्नी का किसी अन्य पुरुष से सम्बन्ध न बने तो उन्हें चाहिए कि वे उसकी बातों को ध्यान से सुनें, उसकी भावनाओं को समझें और उसे आर्थिक सुरक्षा प्रदान करें।

पुरुष को जब पता चलता है कि पत्नी जहाँ पर नौकरी करती है वहाँ पर पत्नी का बॉस अमीर है तथा कुँवारा है या अपने परिवार से अलग है तो वह उससे सबसे अधिक असुरक्षा महसूस करेगा और यदि बॉस बातों को ध्यान से सुनने वाला हुआ तो असुरक्षा का थर्मामीटर पहाड़ जितना ऊँचा हो जाएगा और ऐसी जगह पति अपनी पत्नी को नौकरी करने से रोकेगा। यह उसकी असुरक्षा की भावना है जो कि जीव-विज्ञान की दृष्टि से बिलकुल दुरुस्त है।

यदि पत्नी अपने पति के लिए सेक्रेटरी को अपॉइंट करने के लिए महिला का चयन करे तो वह ऐसी सेक्रेटरी चुनेंगी जो समझदार तो हो, लेकिन सुन्दर न हो तथा उसके पति से उसका रिश्ता अत्यन्त प्रेमल हो। यह महिला की असुरक्षा ही है कि वह अपने से कम सुन्दर महिला को अपने

पति के आस-पास रहने की इजाज़त दे सकती है, लेकिन उससे अधिक सुन्दर महिला को नहीं। लेकिन महिला को यह समझ लेना चाहिए कि पुरुष का जीवविज्ञान उसे अधिक से अधिक महिलाओं से सम्बन्ध बनाने के लिए प्रेरित करता है। यही वजह है कि हॉलीवुड या बॉलीवुड स्टार्स की अपनी सुन्दर हॉलीवुड या बॉलीवुड अभिनेत्री पत्नी होने के बावजूद उन्होंने एक या अनेक महिलाओं से सम्बन्ध रखे हैं जबकि उनकी स्टार पत्नी उन महिलाओं से हज़ारों गुना अधिक सुन्दर थीं। अर्थात पुरुष सुन्दरता से ज़्यादा महत्त्व संख्या को देता है और यह उसकी आदिम एवं जैव-वैज्ञानी प्रवृत्ति है।

क्या महिला और पुरुष मित्र हो सकते हैं?

महिला और पुरुष मूलभूत तौर पर एक-दूसरे के बारे में ग़लतफ़हमी पालते हैं; महिला पुरुष के यौन दिलचस्पी या स्वार्थ को दोस्ती समझ लेती है और पुरुष महिला की मित्रता को यौन दिलचस्पी।

—*जर्नल ऑफ़ इवोल्युशनरी साइकोलॉजी* की एक रिसर्च का सार

महिलाओं को यह बात सचमुच समझ लेनी चाहिए कि पुरुष आपके मित्र केवल तभी बनना चाहेंगे जब वे आप में अपना एक यौन साथी देखेंगे। आप चाहे कितनी ही इस बारे में बहस कर लें लेकिन पुरुष का जीव-विज्ञान उसे इसी तरफ़ प्रेरित करेगा।

यदि आप किसी भी जैव-विज्ञानी शोधकर्ता से पूछेंगे कि 'क्या एक महिला और पुरुष केवल एक अच्छे दोस्त हो सकते हैं?' तो उनका जवाब होगा 'नहीं, कभी नहीं।'

हाँ, लेकिन यह सत्य है कि महिला एक पुरुष को अपना दोस्त समझ

सकती है या मान सकती है, लेकिन इसका विपरीत होना असम्भव है। यह असम्भव है कि पुरुष किसी महिला को बिना सेक्स की चाह के केवल एक अच्छा दोस्त माने। यदि कोई ऐसा कहे तो वह बिलकुल झूठ बोल रहा है।

महिला और पुरुष सैद्धान्तिक रूप से मित्र हो सकते हैं, लेकिन व्यावहारिक तौर पर यह असम्भव है।

महिला पुरुष की मित्रता का इतिहास ज़्यादा पुराना नहीं है। मुश्किल से इसे केवल 100 साल हुए हैं। इससे पहले महिला-पुरुष केवल रिश्तेदार होते थे या पति-पत्नी। बहुविवाह या पोलीगेमी के अप्रचलित होने के बाद ही इसकी बहुतायत हुई और इसमें कोई संदेह नहीं कि पुरुष इसे पोलीगेमी के नज़रिये से ही देखते हैं। वे यही सोचते हैं कि कई पत्नियों की तुलना में कई मित्र रखना ज़्यादा आसान, कम खर्चीला और कम जोखिम भरा है। जब मीडिया वाले किसी सेलीब्रिटी कपल से पूछते हैं कि 'क्या आप रिलेशन में हैं?' और वे कहते हैं कि 'नहीं, हम केवल दोस्त हैं', तो मान लीजिए कि वे जीव-विज्ञानी रूप से झूठ बोल रहे हैं।

जर्नल ऑफ़ सोशल एंड रिलेशनशिप के 2012 के एक अध्ययन में बताया गया कि जो भी महिला-पुरुष ये मानते हैं कि उनकी दोस्ती में सेक्स की भावना नहीं है, वे असल में भ्रम में हैं। उनकी दोस्ती में सेक्स की भावना हमेशा मौजूद रहती है। चाहे उन्हें इसके बारे में पता न हो।

यह सत्य जान लें कि 'पुरुषों के लिए सेक्स सबसे महत्त्वपूर्ण होता है संसार की सभी वस्तुओं से।' उसके लिए सेक्स उतना ही महत्त्वपूर्ण है जितना की शेर के लिए शिकार, वैम्पायर के लिए ख़ून और चिड़ियों के लिए दाना। क्या आपको लगता है कि भूखा शेर शिकार छोड़ देगा या वैम्पायर ख़ून

और भूखी चिड़िया दाना? तो फिर पुरुष किसी स्त्री को सेक्स की दृष्टि से क्यों नहीं देखेगा? जबकि उसका जीव-विज्ञान उसे अधिक से अधिक संतति उत्पन्न करने के लिए सदैव प्रेरित करता रहता है। पुरुष हमेशा 'महिला' को एक 'महिला' के रूप में ही देखता है, दोस्त के रूप में नहीं।

पुरुषों से यदि उनके पसन्दीदा कार्य पूछे जाएँ तो सेक्स के आगे कोई भी कार्य नहीं टिकेगा। उसे फुटबॉल पसन्द होता है, क्रिकेट खेलना पसन्द होता है, पिकनिक मनाना पसन्द होता है, लेकिन ये सब सेक्स के आगे कोई महत्त्व नहीं रखते।

तो निष्कर्ष यह है कि 'महिला-पुरुष कभी एक-दूसरे के मित्र नहीं हो सकते।'

एक महिला को पुरुष की मित्र बनने के लिए तीन अवस्थाओं से गुज़रना पड़ेगा और वे अवस्थाएँ हैं—सबसे पहले जान-पहचान करें, फिर उससे विवाह करें और फिर आप उस पुरुष की मित्र बन सकती हैं।

> *स्त्री और पुरुष के बीच मित्रता सम्भव ही नहीं है। वे एक-दूसरे के जुनून हो सकते हैं, प्रेम हो सकते हैं, शत्रु हो सकते हैं, आराध्य हो सकते हैं परन्तु मित्र नहीं हो सकते।*
>
> **—ऑस्कर वाइल्ड**

महिलाएँ क्यों ज़्यादा बोलती हैं और पुरुष क्यों ख़ामोश रहते हैं?

भारतीय फ़िल्म इतिहास के सबसे प्रसिद्ध सिग्नेचर डायलॉग में से एक-एक शब्द का शत्रुघ्न सिन्हा का डायलॉग 'ख़ामोश'। 'ख़ामोश' कर देने वाला यह डायलॉग शत्रुघ्न सिन्हा पर जँचता भी है। लेकिन यह डायलॉग किसी अभिनेत्री पर बिलकुल भी फिट नहीं बैठता और न बैठेगा। महिलाएँ कभी आपको ख़ामोश रहने के लिए नहीं कहेंगी। शत्रुघ्न सिन्हा का यह डायलॉग पुरुष विलेन पर असर करेगा, लेकिन यदि विलेन महिला हुई तो उस पर उनके इस डायलॉग का बेअसर होना पक्का है।

महिलाएँ बातों का इस्तेमाल भागीदारी दिखाने और रिश्ते बनाने के लिए करती हैं। यदि वह किसी पुरुष को पसन्द करती है और उसकी कही बात से सहमत है या वह उसकी जीवनसाथी बनना चाहती है, तो वह उससे ख़ूब सारी बातें करेगी। महिलाओं में बोलने से जुड़ा विशिष्ट क्षेत्र प्रमुख तौर

पर उनके बाएँ मस्तिष्क गोलार्द्ध के फ्रंटल यानी आगे के हिस्से में स्थित होता है और इसके लिए दाएँ गोलार्द्ध में भी एक विशिष्ट क्षेत्र होता है। मस्तिष्क के दोनों ओर बोलने के विशिष्ट क्षेत्र होने से महिलाएँ बातचीत करने में माहिर होती हैं। उन्हें ऐसा करना अच्छा लगता है। बातचीत को नियंत्रित करने के लिए विशिष्ट क्षेत्र होने के कारण महिला के मस्तिष्क का बाक़ी हिस्सा अन्य कामों के लिए उपलब्ध होता है और इसी वजह से वे बातचीत करते हुए कई अन्य विभिन्न प्रकार के कामों को निपटा सकती हैं। वाक् शक्ति के लिए एक अलग और ख़ास क्षेत्र मौजूद होने के कारण महिला पुरुषों के मुक़ाबले कोई भी भाषा ज़्यादा तेज़ी से व आसानी से सीख सकती हैं और यही कारण है कि प्रूफरीडर के रूप में महिलाओं का प्रदर्शन पुरुषों से काफ़ी बेहतर होता है।

यह भी सत्य है कि मस्तिष्क के बाएँ व दाएँ गोलार्द्ध और बोलचाल के लिए विशिष्ट स्थानों के बीच जानकारी के बेहतरीन प्रवाह के कारण अधिकतर महिलाएँ एक ही समय में कई विषयों पर बात कर सकती हैं। महिलाओं की यह क्षमता पुरुषों को चकित कर देती है, क्योंकि उनका दिमाग़ एक ही लीक पर चल सकता है और वे एक समय में केवल एक ही विषय को सँभाल सकते हैं।

हमें यह समझ लेना चाहिए कि पुरुष और महिलाएँ बिलकुल अलग-अलग बने हैं। हर पहलू पर उनके मस्तिष्क और भावनाएँ अलग-अलग प्रतिक्रिया देते हैं। पुरुष जब तनाव या परेशानी में होते हैं तो वे चुप रहकर अपनी परेशानियों का हल खोजने लगते हैं जबकि महिलाएँ अपना दिल हल्का करने के लिए परेशानी के समय अधिक बोलना चाहती हैं।

महिलाएँ जब किसी को परेशान देखती हैं तब भी वह उस व्यक्ति चाहे वह पुरुष हो या महिला से अधिक से अधिक सवाल पूछती हैं, ताकि वह उसकी परेशानी हल करने में मदद कर सके। महिलाओं का यह रवैया दूसरी महिलाओं को बहुत पसन्द आता है, लेकिन पुरुषों में महिलाओं की यही आदत खीज और ग़ुस्सा पैदा करती है।

महिलाओं में एस्ट्रोजन हॉर्मोन का उच्च स्तर भी उनमें बातचीत करने की क्षमता को बढ़ाता है। यही कारण है कि मासिक चक्र के दौरान जब एस्ट्रोजन का स्तर ऊँचा रहता है, तब महिला का बर्ताव शान्तिपूर्ण होता है, और वह बहुत अच्छे ढंग से स्वयं को व्यक्त कर सकती है। इसके विपरीत एस्ट्रोजन का स्तर कम होने और शरीर में टेस्टोस्टेरॉन का स्तर बढ़ने पर उसकी बोलचाल अस्थिर होने लगती है। उम्र के बढ़ने के साथ-साथ भी महिलाएँ और ज़्यादा बातूनी होती जाती हैं और उसकी वजह भी उनके हॉर्मोन्स में हुए बदलाव हैं।

आदिमकाल में पुरुष जब अकेले अपने दम पर अपनी समस्याओं को हल कर लेता था, तो उसे सम्मान मिलता था और जो कोई उसे सलाह देकर बड़ा बनने की कोशिश करता था, वह उससे खीजता था। यही कारण है कि वह तनाव एवं समस्या के दौरान एकान्त को पसन्द करता था, है और करता रहेगा।

महिलाएँ ठीक इसके विपरीत होती हैं। उनका मनोविज्ञान बहुत विकसित होता है क्योंकि मानव इतिहास की शुरुआत से ही वह परिवार का पालन-पोषण करती थीं और उनका मनोविज्ञान उसी के अनुसार विकसित हुआ है। विकासक्रम के साथ-साथ वे अपने बच्चों की देखभाल के लिए

अतिसंवेदनशील हो गईं। यही वजह है कि महिलाएँ प्रेम एवं संवेदनाओं को व्यक्त करने के लिए अधिक से अधिक प्रश्न पूछती हैं।

प्रागैतिहासिक काल में पुरुष जब अकेले अपने दम पर अपनी समस्याओं को हल कर लेता था, तो उसे सम्मान मिलता था और जो कोई उसे सलाह देकर बड़ा बनने की कोशिश करता था, वह उससे खीजता था। यही कारण है कि वह तनाव एवं समस्या के दौरान एकान्त को पसन्द करता था, है और करता रहेगा।

महिलाएँ ठीक इसके विपरीत होती हैं। उनका मनोविज्ञान बहुत विकसित होता है क्योंकि मानव इतिहास की शुरुआत से ही वह परिवार का पालन-पोषण करती थीं और उनका तंत्रिका एवं मनोविज्ञान उसी के अनुसार विकसित हुआ है। वे अपने बच्चों की देखभाल के लिए अतिसंवेदनशील हो गईं। यही विकास-क्रम वजह है कि महिलाएँ प्रेम एवं संवेदनाओं को व्यक्त करने के लिए अधिक से अधिक प्रश्न पूछती हैं।

कई महिला रोगियों को यह शिकायत रहती है कि उनका व्यस्त चिकित्सक उनसे ज़्यादा बात नहीं करता था या उनसे कोई प्रश्न ही नहीं पूछता इसलिए उन्होंने उस चिकित्सक से परामर्श लेना ही बन्द कर दिया। यही वजह है कि महिलाओं में वही चिकित्सक प्रसिद्ध होता है जो महिलाओं से अधिक बात करता है या उनकी पूरी-पूरी बातें या समस्याएँ सुनता है।

महिलाओं को यह बात समझ लेनी चाहिए कि जब पुरुष परेशान या चिन्तित होने के कारण चुप बैठा हो, तो उसे अकेला छोड़ देना चाहिए क्योंकि पुरुष जब चिन्तित होगा तो उसकी आदिम-प्रवृत्ति उसे अकेला रहने के लिए प्रेरित करेगी और वह अकेला रहना चाहेगा। इस स्थिति को

महिलाएँ अक्सर ग़लत समझ बैठती हैं और वे समझती हैं कि पुरुष को उसकी आवश्यकता है और वे अधिक से अधिक प्रश्न पूछती हैं, क्योंकि वे पुरुष की मदद करना चाहती हैं और उनकी यह प्रवृत्ति झगड़े और अधिक तनाव की वजह बन जाती है। कैसे? आइए समझने की कोशिश करते हैं :

पति ऑफिस से आकर बिना कुछ बोले अपना बैग पटककर, कपड़े बदलकर, चुपचाप सोफ़े पर लेटकर, टकटकी लगाकर छत पर देखता हुआ कुछ परेशान लग रहा है...। बिलकुल ख़ामोश!

ऐसे वक़्त में पत्नी पूछती है, 'क्या कोई परेशानी है?'

पति जवाब देता है, 'नहीं।'

लेकिन पत्नी जानती है कि वह परेशान है इसलिए वह दुबारा पूछती है, 'मुझे पता है तुम परेशान हो, बात क्या है? बताओ मुझे?'

पति कहता है, 'कुछ नहीं।'

पत्नी फिर पूछती है, 'कुछ तो बात है। तुम ज़रूर किसी बात को लेकर चिन्तित हो। तुम क्या सोच रहे हो, बताओ न मुझे, प्लीज़।'

पति कहता है, 'मैं ठीक हूँ। प्लीज़ मुझे थोड़ी देर के लिए अकेला छोड़ दो।'

पत्नी फिर पूछती है, 'नहीं, मैं तुम्हें अकेला नहीं छोड़ूँगी, मैं जानकर ही रहूँगी कि तुम क्यों परेशान हो, ताकि मैं तुम्हारी कुछ मदद कर सकूँ।'

पुरुष जवाब देता है, 'मैं बिलकुल ठीक हूँ। ईश्वर के लिए मुझे अकेला छोड़ दो। या तुम कहो तो मैं यहाँ से कहीं और चला जाऊँ।'

पत्नी दुखी होकर कहती है, 'तुम मेरे साथ ऐसा हमेशा क्यों करते हो?

तुम मुझसे कोई भी बात साझा नहीं करते। मेरा तुम्हारी ज़िन्दगी में कोई महत्त्व नहीं है। तुम मुझसे प्रेम नहीं करते। मुझे लगता है हम दोनों में दूरियाँ बढ़ती जा रही हैं...।'

यह बातें सुनते ही पति अपना संयम खो देता है और कई कड़वी-कसैली बातें बोलने लगता है और एक सामान्य-सी घटना विकराल युद्ध में बदल जाती है।

यह लड़ाई रोकी जा सकती थी, यदि महिला और पुरुष को एक-दूसरे के बारे में पता होता, वे एक-दूसरे को समझते या उन्हें एक-दूसरे के मनोविज्ञान की समझ होती।

याद रखें, यदि पुरुष शान्त बैठकर कुछ सोच रहा है तो उससे ज़्यादा प्रश्न न करें, उसे अकेला छोड़ दें, उस पर भरोसा करें कि वह समस्या को सुलझाने में सक्षम है। इसके ठीक विपरीत यदि महिला शान्त बैठी है और उसका मुँह चढ़ा हुआ है या वह परेशान है तो पुरुष को चाहिए कि वह उससे अधिक से अधिक बातें करे।

जब भी आपके बीच लड़ाई होने लगे तो ध्यान रखें कि आप दोनों का मस्तिष्क बिलकुल अलग-अलग प्रकार से सोचता है। एक-दूसरे की समस्याओं और मनोविज्ञान को समझें और फिर निर्णय लें।

महिलाएँ हमेशा बात को विस्तार से बताने और सुनने में विश्वास रखती हैं और पुरुष इसके ठीक विपरीत संक्षेप में बात को सुनने एवं बताने में सहजता महसूस करते हैं। यही कारण है कि टी.वी. पर दिखाए जाने वाले डेली शोप महिलाओं को बरसों तक ख़ुद से जोड़े रखते हैं और पुरुषों को ऐसे प्रोग्राम पसन्द आते हैं जो जल्दी-जल्दी परिणाम दर्शाते हैं और ज़्यादा

लम्बे नहीं खिंचते। यदि किसी अच्छी मूवी की लम्बाई 2 घंटे से कम होती है तो थियेटर से निकलते समय पुरुष की प्रतिक्रिया होगी कि अच्छी पिक्चर है, 'शॉर्ट एंड स्वीट' जबकि महिला कहेगी कि 'मूवी बहुत छोटी बनाई डायरेक्टर ने, अच्छी फ़िल्में थोड़ी लम्बी होनी चाहिए।'

जॉन ग्रे कहते हैं कि "महिलाएँ घटनाओं के बारे में विस्तार से बात करती हैं, वे रहस्य को बनाए रखकर बातें करती रहती हैं और परिणाम बताने में विलम्ब करती हैं। महिलाओं की यह आदत पुरुषों में खीज पैदा करती है और वे उनकी बात को बीच में ही काट देते हैं या अनसुना कर देते हैं। महिलाएँ इस समस्या से बच सकती हैं, बस उन्हें यह करना है कि बात का परिणाम पहले ही बता दें और फिर अपनी बात सुनाती रहें, पति उसे सुनता रहेगा। पति अपनी बातों को लम्बा खींचें, परिणाम को पहले न बताएँ, सस्पेंस या रहस्य को बनाए रखें।"

इस विधि को अपनाकर महिलाएँ पुरुषों की सपनों की राजकुमारी बन जाएँगी और पुरुष महिलाओं के सपनों के राजकुमार, तो देर किस बात की शुरुआत आज से ही करें।

रिश्ते को मधुर बनाने के लिए पुरुष सुनना शुरू करें और महिलाएँ सुझाव देना छोड़ें

एक सत्य को फिर स्वीकार करें—'महिलाएँ और पुरुष एक ही प्रजाति के दो अलग-अलग जीव हैं।'

हाँ, यह सत्य है कि महिला और पुरुष अलग-अलग हैं, वे उतने ही अलग हैं जितने कि चन्द्रमा और सूर्य, आकाश और पृथ्वी, जल और अग्नि। और जॉन ग्रे ने तो इन्हें मार्स (मंगल) और वीनस (शुक्र) ग्रहों के निवासी की उपमा दी है तथा अपनी पुस्तकों में इसे बख़ूबी साबित भी किया है। इस सत्य को मान लेना ही वैवाहिक जीवन की सफलता की गारंटी है वरना आपका वैवाहिक जीवन या तो तलाक़ के रूप में ख़त्म होगा या फिर यह एक क़ैदख़ाना बनकर रह जाएगा। एक जेल। एक कारावास।

पूरी दुनिया में रोज़ाना हज़ारों लोग प्रेम में पड़ते हैं, विवाह करते हैं और

उसी के साथ-साथ हज़ारों लोगों का तलाक़ भी हो जाता है। कुछ विशेषज्ञों का मानना है कि दुनिया भर में जो लोग शादी करते हैं उनमें से पचास प्रतिशत लोगों का तलाक़ हो जाता है और जो बाक़ी के बचे लोग हैं उनमें से भी पचास प्रतिशत लोग केवल प्रेम के कारण शादी को जारी नहीं रखते बल्कि सामाजिक प्रतिष्ठा, बच्चे, वफ़ादारी या फिर पुनः शुरू करने के जोखिम के डर के कारण अपनी शादी को नहीं तोड़ते।

विश्व इतिहास में बहुत ही कम लोग पूरे जीवन भर वैवाहिक प्रेम का आनन्द ले पाते हैं, लेकिन ऐसा सभी के साथ हो सकता है और होना ही चाहिए। जब पति-पत्नी या प्रेमी-प्रेमिका अपनी भिन्नताओं को समझकर उसे स्वीकार कर लेते हैं और उनकी भावनाओं का सम्मान करने लगते हैं तो प्रेम का गुलाब फिर से खिल उठता है और जीवन में फिर से आनन्द का उदय हो जाता है।

यह जाने बिना कि हममें भिन्नताएँ हैं, हम महिला और पुरुष अनंतकाल तक लड़ते ही रहेंगे और एक-दूसरे का जीवन बर्बाद करते रहेंगे। परेशानियाँ यहीं से शुरू हो जाती हैं जब हम यह सोचने लगते हैं कि हमारा पुरुष साथी या महिला साथी अपनी भिन्नताओं के बावजूद या उन्हें दरकिनार करके बिलकुल हमारी तरह सोचे या व्यवहार करे।

पुरुष आशा करते हैं कि महिलाएँ उसी तरह सोचें-समझें और बातें या व्यवहार करें जिस तरह से वह स्वयं करता है या चाहता है और महिलाएँ भी इसी आशा में रहती हैं कि पुरुष उसी तरह से सोचें-समझें और व्यवहार करें जिस तरह से महिलाएँ करती हैं या चाहती हैं।

आदिमकाल में जब पुरुष एक शिकारी था और महिलाएँ घर पर रहकर

बच्चों का लालन-पालन करती थीं, तभी से हमारे संस्कार विकसित हो चुके थे। प्रागैतिहासिक काल का पुरुष शक्ति, योग्यता, कार्यकुशलता को महत्त्वपूर्ण मानता था। उसकी सफलता का पैमाना अपने परिवार को भोजन उपलब्ध करवाने में था, जिसमें शक्ति, योग्यता और कार्यकुशलता की आवश्यकता पड़ती थी। उनकी पोशाकें और नाम भी इन्हीं गुणों को प्रागैतिहासिक काल से अब तक दर्शाते आ रहे हैं। इसी के चलते सिपाही, पुलिस अफ़सर, तकनीशियन, डॉक्टर, वैज्ञानिक और बिज़नेसमैन अपनी यूनिफॉर्म पहनते हैं और अपने नाम के आगे पद लिखते हैं ताकि दूसरों को उनकी योग्यता और शक्ति पहली नज़र में ही दिखाई दे जाए।

लक्ष्य हासिल करना, सफलता पाना और अपनी योग्यताओं को साबित करना पुरुष का गुण है। ये गुण उसका आदिकाल से चला आ रहा है, तबसे जबसे वह गुफाओं और कबीलों में रहता था। कबीलों और झुंडों में उसी व्यक्ति को सम्मान मिलता था जो अपनी सभी समस्याओं को हल कर देता था और उसके पास बहुत-सी सफलताओं की विजय गाथाएँ होती थीं। कबीलों में किसी से राय लेने का मतलब होता था स्वयं को नीचा साबित कर दूसरे को स्वयं से बड़ा साबित करना। इसलिए पुरुषों को वे लोग आदिकाल से ही पसन्द नहीं हैं जो उन्हें हमेशा टोकें या राय दें। इसके विपरीत उन्हें वे लोग बहुत पसन्द होते हैं जो उनसे कोई राय या मदद माँगते हैं।

मानव की इसी विकास परम्परा के कारण पुरुष उन महिलाओं को पसन्द नहीं करते जो उन्हें सुझाव देती रहती हैं या उनसे सुझाव या मदद नहीं माँगतीं। यही कारण है कि पुरुष शादी के लिए पुरुषोचित गुणों से युक्त

महिलाओं को प्राथमिकता नहीं देता, जैसे—पुलिस, सैनिक, अफ़सर, रेसलर, खिलाड़ी और अन्य पुरुष-प्रधान क्षेत्रों की महिलाएँ।

इसके लिए भी विकास की यह परम्परा ही ज़िम्मेदार है कि जब महिलाएँ अपनी समस्या के बारे में पुरुष से बात करती हैं, तो पुरुष फ़ौरन समस्या का समाधान सुझाने लगते हैं, जबकि हक़ीक़तन वह तो केवल अपनी भावनाओं का गुबार निकालना चाहती थीं। पुरुष यह सोचने लगता है कि महिला की समस्या का समाधान निकालकर ही वह उसकी मदद कर सकता है और ऐसा करके वह अपने प्रेम का प्रमाण प्रस्तुत कर सकता है।

सदियों तक परिवार का ख़याल रखने एवं बच्चों के लालन-पालन करने के कारण महिलाएँ प्रेम, संप्रेषण, सुन्दरता और रिश्तों को महत्त्व देती हैं। सफलता, लक्ष्य और शक्ति प्रदर्शन के स्थान पर वे रिश्ते, प्रेम और समर्पण को महत्त्व देती हैं। मानव के विकास के दौरान महिलाओं ने परिवारों का ध्यान रखा इसलिए वे रिश्तों को समझती हैं, परिवार के सदस्यों के मनोभावों को समझती हैं। यही वजह है कि बच्चे मानसिक रूप से माँ से ज़्यादा निकट होते हैं क्योंकि वह उनके कहने से पहले ही उनके मन की बात समझ लेती है और उनकी हर समस्या को अच्छे से सुनती है और समाधान वह उनके पिता के लिए छोड़ देती है।

यही बातें महिला अपने पति से भी अपेक्षित रखती हैं, लेकिन दोनों का विकास अलग-अलग हुआ है इसलिए मामला बिलकुल उलट हो जाता है और इनमें प्रेम बढ़ने की जगह नफ़रतें बढ़ने लगती हैं।

पुरुष समाधान को महत्त्व देते हैं जबकि महिलाओं की समाधान में कोई

दिलचस्पी नहीं होती। उन्हें तो केवल अपनी समस्या को दिल खोलकर सुनाना होता है और जो उनकी बातों को सुन लेता है वह उनका दिल जीत लेता है और जो नहीं सुनता वह उनकी नज़रों से उतर जाता है।

जब कोई महिला किसी पुरुष को सुधारना चाहती है या उसमें कोई परिवर्तन करना चाहती है तो पुरुष को लगता है कि वह महिला की नज़र में निकम्मा, नाकारा, बिगड़ैल और अयोग्य है। महिला को यह पता भी नहीं होता कि उसके ये प्रेमपूर्ण सुझाव पुरुष के हृदय में नासूर की तरह दर्द पैदा कर देंगे। पुरुष को यह सुझाव अपमानजनक और आपत्तिजनक लगते हैं। महिलाएँ यही ग़लती कर बैठती हैं, वे समझती हैं कि उनके सुझाव पुरुष को बदल देंगे, उसके जीवन को नई दिशा देंगे, समाज में उनके लिए सम्मान उत्पन्न करेंगे और पुरुष इनका स्वागत करेगा, जबकि पुरुष को ये सुझाव अत्यन्त अप्रिय लगते हैं।

पुरुषों को भी यह ध्यान रखना चाहिए कि जब महिलाएँ समस्याओं के बारे में बात करें तो आप यह समझें कि वे समाधान खोजना नहीं चाहतीं, वे तो आपसे बस बात करके अपना दिल हल्का करना चाहती हैं और रिश्तों को प्रगाढ़ बनाना चाहती हैं, बस।

तो आज से रिश्तों को सुधारने एवं ख़ुशहाल वैवाहिक जीवन का सूत्र याद रखें! 'पुरुष सुनना शुरू करें और महिलाएँ सुझाव देना छोड़ें।'

महिलाएँ अपने पति का दिल कैसे जीतें?

एक औरत जिस आदमी से प्यार करती है, उसका चेहरा ऐसे जानती है, जैसे नाविक समुद्र को।

—हॉनर डी. बल्ज़ाक

महिलाओं को जान लेना चाहिए कि पुरुष के लिए उसका सम्मान ही सब कुछ होता है। उसके शरीर में मौजूद टेस्टोस्टेरॉन का उच्च स्तर उसे आक्रामक एवं दूसरों पर हावी होने के लिए प्रेरित करता है। यह उसकी जीव-विज्ञानी विशेषता है।

महिलाओं को यह भी याद रखना चाहिए कि पुरुष का मस्तिष्क तार्किक दृष्टिकोण से सोचता है, उसे वही बातें अच्छी लगती हैं जो कि तर्क की कसौटी पर खरी उतरती हैं। वह आपके दिए हुए तोहफ़ों को भी तर्क की दृष्टि से देखेगा, वह देखेगा कि आपका दिया हुआ तोहफ़ा उसके किसी काम का है भी या नहीं। यदि वह तोहफ़ा उसके किसी काम का न हुआ तो वह आपसे ख़ुश होने की जगह नाराज़ हो सकता है। उसका आदिम

विकास उसके व्यवहार के लिए काफ़ी ज़िम्मेदार है, जैसे यदि आप उसका हमेशा ज़रूरत से ज़्यादा ख़याल रखेंगी तो भी वह नाराज़ हो जाएगा, जब वह चिन्तित हो और उस समय उसकी चिन्ता की वजह जानने के लिए आप हमदर्दी दिखाएँगी तो भी वह आपसे झगड़ सकता है। तो आइए, हम आपको बताते हैं कि पति का दिल कैसे जीता जाए :

पति का दिल जीतने के कुछ सरल उपाय

- उस पर भरोसा करें।
- उसे बात-बात पर सलाह न दें।
- जब वह घर से काम के लिए निकले तो उसे एक प्यारी-सी स्माइल देकर विदा करें।
- उसे आगे से आकर घरेलू काम करने को न कहें, जैसे—झाड़ू लगाना, पोंछा लगाना, बर्तन धोना आदि।
- उससे हर समय शिकायत न करती रहें।
- उसे प्रोत्साहन देती रहा करें।
- किसी कार्य के कर लेने पर या लक्ष्य प्राप्त कर लेने पर उसकी भरपूर प्रशंसा करें।
- उससे ऊँची या आक्रामक आवाज़ में बात न करें।
- कार या बाइक पर सफ़र करते समय उसे ड्राइविंग के बारे में सलाह न दें।

- जब वह चिन्तित बैठा कुछ सोच रहा हो, तो उसे अकेला छोड़ दें।
- उसे उसके काम के तोहफ़े दें, दिखावटी या बग़ैर काम के तोहफ़े न दें।
- बात-बात पर इंक्वायरी करने न बैठें।
- जब वह कभी-कभार लेट आए तो बार-बार पूछताछ के लिए उसे फ़ोन न करें।
- उसे उसके दोस्तों के साथ घूमने जाने दें।
- अपने मायके वालों के सामने उसकी कभी भी बुराई न करें।
- अपनी सहेलियों के सामने उसे कोई काम न बताएँ।
- अपनी सहेलियों के सामने उसकी तारीफ़ करें, उसकी बुराई न करें।
- दिन में कम से कम दो बार उसकी तारीफ़ करते हुए उसे 'आई लव यू' अवश्य कहें।
- अगर वह घर के कार्यों में आपका हाथ बँटाता है तो इसके लिए उसकी प्रशंसा करें और उसे इसके लिए धन्यवाद दें।
- किसी अन्य पुरुष की तारीफ़ उसके सामने न करें।
- किसी अन्य पुरुष से उसकी तुलना करने की भयानक ग़लती कभी न करें।
- अपनी सहेली के पति की तारीफ़ के कसीदे न पढ़ती रहा करें।
- जब वह थका हुआ हो, तो उसके पैरों या कमर या सर की मसाज़ करें।

- उसे सबसे ज़्यादा महत्त्व दें।
- जब वह आपके साथ टी.वी. देखे तो रिमोट कंट्रोल उसे दे दें।
- जब वह कोई बात करे तो उसे ध्यान से सुनें, बीच में कोई सलाह न दें।
- जब वह ऑफ़िस से आने वाला हो उससे पहले तैयार हो जाएँ ताकि आप सुन्दर दिखें।
- सेक्स से पहले नहा लें और हल्की ख़ुशबू वाला परफ्यूम लगा लें और ब्रश कर लें।
- हमेशा हेयर स्टाइल, मेकअप, लिपस्टिक के शेड्स आदि बदलती रहें।
- स्टाइलिश एवं चटख रंग के नाइट वेअर पहनें।
- मोटापे को नियंत्रित रखें।
- अपने पर्स में एवं अपने मोबाइल के वॉल पेपर पर उसकी तस्वीर लगाएँ।
- न्यूज़ पेपर पहले उसे पढ़ने दें। यदि वह न्यूज़ पेपर पहले न पढ़ पाए तो न्यूज़ पेपर को जमा कर सलीके से रखें।
- उसके पसन्दीदा लेखक या विषय की किताबें उसे गिफ़्ट करें।
- उसकी कमियों या ख़ामियों पर हँसे नहीं।
- उसके असफल होने पर उसके साथ खड़ी रहें और उसका हौसला बढ़ाएँ।

- उसे बताती रहें कि वह आपके लिए कितना महत्त्वपूर्ण है।
- उसकी आलोचना न करें।
- उसके माता-पिता, भाई-बहन के साथ अच्छा व्यवहार करें। उसमें भी विशेष रूप से उसकी माँ से।
- उसके घरवालों से झगड़ें नहीं और ना ही उनसे आक्रामक होकर बात करें।
- मेहमानों के सामने उसे घर के काम करने को न कहें।
- यदि बच्चे उसकी बात न मानें तो उन्हें डाँटें या समझाएँ।

पुरुष अपनी पत्नी का दिल कैसे जीतें?

एक पुरुष के लिए इस दुनिया में सबसे बेशक़ीमती चीज़ है औरत का दिल।

—जोसिया जी. हॉलैंड

महिलाएँ छोटी-छोटी बातों से प्रसन्न हो जाती हैं, यह बात पुरुष को अवश्य पता होनी चाहिए। पुरुष को लक्ष्य हासिल करना अच्छा लगता है। पुरुष संवेदनशील नहीं होते, उन्हें नहीं पता होता कि उनकी जीवनसंगिनी को क्या बात ख़ुश कर देती है और क्या बात अनजाने ही उसे दुखी कर देती है। पुरुष हमेशा सोचते हैं कि बड़े-बड़े कार्य या लक्ष्य पाकर ही वे महिला को ख़ुश कर सकते हैं जबकि महिला को छोटे और बड़े कार्य या तोहफ़ों से कोई अन्तर नहीं पड़ता। उसे तो हर छोटा और बड़ा कार्य या उपहार जो उसको दिया जाता है या उसे ख़ास होने का एहसास कराता है, वह उसको प्रसन्न करता है। पुरुष यदि उसे गुलाब का एक फूल तोहफ़े में दे तो भी वह अपने पति से उतना ही प्रेम प्रदर्शित करेगी जितना की एक ड्रेस पाने पर।

पुरुष यह न सोचें कि डायमंड रिंग, ज्वैलरी, लम्बी-लम्बी छुट्टियाँ, घर या कार देकर ही वह महिला का दिल जीत सकता है।

महिला यह याद रखे कि जब भी पुरुष आपके लिए कुछ कार्य करे तो उसकी प्रशंसा करें या ख़ुशी ज़ाहिर करें जब आप ऐसा करेंगी तो इससे पुरुष को प्रेरणा मिलेगी और वह अधिक अच्छे कार्य के लिए प्रेरित होगा और आपके सम्बन्ध अधिक प्रगाढ़ और अधिक मधुर होते जाएँगे।

पत्नी का दिल जीतने के कुछ सरल उपाय

- घर लौटने पर सबसे पहले उसे गले से लगाएँ और 'आई लव यू' कहकर उसका हाल पूछें।
- उसकी बातें सुनने की और सवाल पूछने की आदत डालें।
- उसकी समस्याओं को हल करने की कोशिश न करें—इसके बजाय उसके हमदर्द बनें।
- कभी-कभार फूलों का तोहफ़ा देकर उसे ख़ुश कर दें।
- उसकी सुन्दरता की तारीफ़ करें।
- स्वयं को लेकर की गई नकारात्मक टिप्पणी को कभी भी सहमति न दें, चाहे वह उसमें मौजूद हो।
- वह परेशान हो, तो उसकी समस्या को ध्यान से सुनें।
- वह थकी हो, तो उसकी मदद करने का प्रस्ताव रखें।
- आप देर से घर पहुँचने वाले हों, तो उसे फ़ोन करके बता दें।

- वह आपसे सहारा माँगे तो उसकी मदद करें।
- जब भी उसकी भावनाओं को चोट पहुँचे तो 'सॉरी' अवश्य कहें।
- जब वह आपसे बात करे, तो मोबाइल या न्यूज़ पेपर रख दें या टी.वी. बन्द कर दें और उसकी तरफ़ पूरा ध्यान दें।
- अगर वह आम तौर पर घर के काम करती हो और किसी दिन वह थकी लग रही हो, तो यह काम आप कर दें।
- जब बाहर जाएँ तो पूछें कि क्या वह बाज़ार से कोई सामान मँगना चाहती है और फिर याद से वह सामान ले आएँ।
- उसे दिन में कम से कम चार से पाँच बार गले लगाएँ।
- अपने ऑफ़िस से फ़ोन करके उससे पूछें कि वह कैसी है या उसे कोई रोमांचक बात बताएँ या उससे 'आई लव यू' ही कहें।
- सेक्स से पहले नहा लें, ब्रश कर लें, इलायची या माउथ फ्रेशनर खा लें। उसके पसन्द का सेंट लगा लें।
- बिना सेक्स के भी उसे गले लगाने या प्रेम जताने का ध्यान रखें।
- जब भी वह किसी बात को लेकर परेशान हो, तो आप अपनी पत्नी का ही पक्ष लें।
- जब वह थकी हो, तो उसकी कमर या गर्दन या पैर की मॉलिश करने का प्रस्ताव रखें।
- जब वह बात करे तो धैर्य से उसको देखते हुए सुनें।

- जब वह आपके साथ टी.वी. देख रही हो, तो रिमोट कंट्रोल से बार-बार चैनल न बदलते रहें।
- सार्वजनिक स्थानों पर प्रेम का प्रदर्शन करें।
- उसका हाथ पकड़ते समय हाथ को मज़बूती से पकड़ें, मरे हुए चूहे या मरी हुई मछली की तरह ढीला न छोड़ें।
- बाहर जाने या पार्टी में जाने पर जब वह तैयार होने में देर करे या अपने कपड़े बदलने का निर्णय करे, तो उसकी बात को समझें।
- सार्वजनिक स्थलों पर दूसरों के बजाय उसकी तरफ़ ज़्यादा ध्यान दें।
- उसे बच्चों से ज़्यादा महत्त्व दें। बच्चों को यह जान लेने दें कि आप अपनी पत्नी को सबसे ज़्यादा महत्त्व देते हैं।
- उसके लिए छोटे-छोटे तोहफ़े ख़रीदें, जैसे—चॉकलेट, फूल या परफ़्यूम। उसके लिए कोई ड्रेस ख़रीदें।
- ख़ास मौक़ों पर उसकी तस्वीरें लें।
- उसे देख लेने दें कि आप अपने पर्स में उसकी तस्वीर रखते हैं या मोबाइल और लैपटॉप पर उसकी तस्वीर का स्क्रीन सेवर लगाएँ।
- एनिवर्सरी या जन्मदिन जैसे ख़ास मौक़ों पर उसे प्रेम-पत्र लिखें।
- यह देखें कि उसका मूड कैसा है और उस पर टिप्पणी करें—'आज तुम ख़ुश लग रही हो', या 'आज तुम बहुत थकी-थकी दिख रही हो' और पूछें कि उसका दिन कैसा गुज़रा।

- उसके साथ वैसा ही व्यवहार करें जैसा आप प्रेम के शुरुआती दिनों में करते थे।
- घर में कोई भी काम करने के लिए तैयार रहें। जब आपको फ़ुरसत हो, तो पूछ लें कि अगर कोई काम हो, तो बता दे, उसके लिए आपके पास अभी ख़ाली वक़्त है।
- शॉवर के बाद बाथरूम के फ़र्श को साफ़ और सूखा रखें।
- जब वह भोजन बनाए, तो अच्छे भोजन के लिए उसकी तारीफ़ करें और धन्यवाद दें।
- उसकी बात सुनते समय नज़रें मिलाकर बात करें। जब आप उससे बात करें, तो कई बार उसे अपने हाथ से छू लें।
- उसकी रुचियों और उसकी पहचान के लोगों में दिलचस्पी दिखाएँ।
- उसकी बात सुनते समय बीच-बीच में हाँ, हूँ करते रहें ताकि उसे लगे कि आप उसकी बात में रुचि ले रहे हैं।
- उसके चुटकुलों और मज़ेदार बातों पर हँसें।
- जब भी वह आपके लिए कुछ करे, तो उसे धन्यवाद अवश्य दें।
- आप दोनों अकेले में समय गुज़ारने का ख़ास समय निर्धारित करें।
- अंतरंग क्षणों में फ़ोन का जवाब न दें।
- पिकनिक या सैर-सपाटे पर जाते रहें।
- अगर वह कपड़े धो रही हो या बर्तन माँज रही हो तो उसकी मदद

करने का प्रस्ताव रखें।

- उसे बताएँ कि जब आप उससे दूर थे तो आपको उसकी याद आ रही थी।
- बच्चे यदि उसका कहना न मानें तो उन्हें डाँटें।
- उसके माँ-बाप, भाई-बहन से अच्छा बर्ताव करें; विशेषकर उसके पिता और भाई से।

स्पर्श प्रेम की जान है

लोग कहते हैं कि, "ख़ाली हाथ आए थे हम और ख़ाली हाथ जाना है।" दुनिया में कुछ पाने और यहाँ से कुछ ले जाने में हमने हाथों को ही इतनी फजीलत या महत्त्व आख़िर क्यों दिया है? आँखों से क्या हम कुछ ले नहीं सकते और क्या कुछ लेकर नहीं जा सकते? कानों से, जुबान से, यहाँ तक कि सभी यादों और सपनों को समेटे हुए दिमाग़ से हम कुछ लेकर नहीं जा सकते? जबकि ज़िन्दगी और क्या है सिवाय यादों और ख़्वाबों के?

हक़ीक़त में हम मनुष्य उसी चीज़ को अपना मानते हैं जो हमारे हाथों में आ जाए, जिसे हम हाथों में लेकर थाम लें, हाथों से पकड़कर सीने से लगा लें। किसी जगह के कुछ काग़ज़ात हमारे हाथों में हों तो हम उसे अपना मानने का दम्भ भरते हैं।

एक महबूब है जो दूर से अपनी महबूबा को देखता है, उसकी आँखों में वह बसी हुई है, उसके ख़यालों पर उसका राज है, उसकी ख़ुशबू से वह घिरा हुआ है लेकिन, वह तब तक उसे अपना नहीं मानेगा जब तक कि

वह उसका हाथ न थाम ले या उसे बाँहों में ना भर ले।

स्पर्श में प्रेम छुपा होता है। कोई जब हमें प्रेमपूर्वक छूता है, तो उसका एहसास अलग होता है और जब कोई किसी को नफ़रत के साथ या हवस के साथ छूता है तो उसका एहसास अलग होता है। हाथों के स्पर्श हृदय से, मन से और भावनाओं से नियंत्रित होते हैं।

जब हम कोई काम करते हैं तो उसमें हाथों का कार्य सबसे ज़्यादा होता है। कोई सोचने का काम भी होता है, तो भी हम यही कहते हैं कि "यह काम हाथ में लिया है तो इसे पूरा करके ही रहूँगा।" हम मनुष्य के हाथ अन्य पशुओं के आगे के पैरों या पंजों से बहुत ज़्यादा विकसित हैं। हमारी विकास की गाथा हमारे हाथों ने ही लिखी है। लेखन का आविष्कार ही नहीं होता यदि हम अपने हाथों को इतना विकसित न कर लेते तो। लेखन का आविष्कार नहीं होता तो हम अपनी सूचनाओं को एक पीढ़ी से दूसरी पीढ़ी में इतनी आसानी से और इतने असरदार तरीक़े से हस्तान्तरित नहीं कर पाते जितने कि हम कुछ हज़ारों सालों से कर रहे हैं। इसी का नतीजा है कि आज मनुष्य तरक़्क़ी के सर्वोच्च स्थान पर विराजमान है। यह सूचनाओं का हस्तान्तरण नहीं होता तो हम वहीं होते जहाँ हमारे हज़ारों साल पुराने पूर्वज थे। शायद हाथों का यह असर और दिली जुड़ाव होने की वजह से ही यह कहा जाने लगा कि—"ख़ाली हाथ आए थे हम ख़ाली हाथ जाना है..."

ख़ैर, अब हम फिर मूल मुद्दे पर आते हैं। त्वचा हमारे शरीर का सबसे बड़ा अंग है। इस पर दर्द के लिए अनियमित रूप से फैले हुए 2,80,000 रिसेप्टर्स होते हैं, ठंड के लिए 20,000 और स्पर्श व दबाव के लिए 5,00,000 रिसेप्टर्स होते हैं।

जन्म से ही लड़कियाँ स्पर्श के प्रति अधिक संवेदनशील होती हैं। पुरुष की तुलना में स्पर्श प्रति महिला दस गुना अधिक संवेदनशील होती हैं। उनमें मौजूद ऑक्सिटोसिन हॉर्मोन एक ऐसा हॉर्मोन है, जो छुए जाने को उत्प्रेरित करता है और स्पर्श रिसेप्टर्स को एक्टिवेट करता है। यही कारण है कि पुरुषों से दस गुना अधिक संवेदनशील रिसेप्टर्स होने के कारण महिलाएँ अपने प्रेमियों, बच्चों व परिजनों को गले लगाने और छूने को इतना ज़्यादा महत्त्व देती हैं। यही वजह है कि ऐसे लोग जिन्हें कोई प्रेमपूर्वक स्पर्श करने वाला नहीं होता वे पालतू जानवरों से ज़्यादा प्रेम करते हैं।

हमारे शरीर में हर तरफ़ छोटे-छोटे स्पर्श रिसेप्टर्स लगे होते हैं। जब भी इन संवाहकों को छुआ या दबाया जाता है तो हमारी नर्व्स मस्तिष्क तक मैसेज ले जाती हैं। मस्तिष्क इन मैसेज का विश्लेषण करता है और हमें यह अनुभव होता है कि जो वस्तु हमें छू रही है वह गर्म है या ठंडी, कड़ी है या नर्म, अनजानी है या जानी-पहचानी। इसी से दर्द या आनन्द का पता चलता है, इसी से हम प्रेम भरे और शत्रुतापूर्ण स्पर्श में भेद कर पाते हैं।

आपके जीवनसाथी का पैर मोच खा गया है और वह तड़प रहा है। आपको भी उसकी यह तकलीफ़ देखकर काफ़ी पीड़ा हो रही है और आप सोफ़े पर बैठे-बैठे बातों के ज़रिये अपनी सहानुभूति व्यक्त कर रहे हैं—'ओह, माय गॉड! ये क्या हुआ? तुम्हें तो काफ़ी दर्द हो रहा होगा न? तुम्हें इतना दर्द में तड़पता हुआ देखकर मुझे भी बहुत दर्द हो रहा है।'

इसकी जगह यदि सीन यह होता—आप उठते और अपने जीवनसाथी को सहारा देकर सोफ़े पर बैठाते, फिर एक बाम या पेनकिलर स्प्रे या कोई तेल लेकर आते और उसे हल्के-हल्के से मलने लगते और कहते, 'ओह

माय गॉड। ये क्या हुआ? तुम्हें तो काफ़ी दर्द हो रहा होगा न? तुम्हें इतने दर्द में तड़पता हुआ देखकर मुझे भी बहुत दर्द हो रहा है।'

अब आप बताइए कि दोनों स्थितियों में से कौन-सी स्थिति बता रही है कि आप अपने जीवनसाथी से सच्चा प्रेम करते हैं? यक़ीनन दूसरा सीन स्पष्टीकरण दे रहा है कि आप अपने जीवनसाथी से सच्चा प्रेम करते हैं। पहले वाले सीन में तो आपका जीवनसाथी आपको केवल दिखावटी या झूठा प्रेमी ही समझेगा।

हम इंसान काफ़ी समय से जानते हैं कि शारीरिक स्पर्श भावनात्मक प्रेम अभिव्यक्त करने का एक तरीक़ा है। शिशु विकास के क्षेत्र में जारी बहुत से शोध कार्य इस निष्कर्ष पर पहुँचे हैं कि जिन बच्चों को छुआ, गोद में लिया और चूमा जाता है वे ज़्यादा स्वस्थ भावनात्मक जीवन जीते हैं बजाय उन बच्चों के जो ज़्यादातर समय शारीरिक स्पर्श के बग़ैर रहते हैं। बच्चों को छूने का महत्त्व कोई आधुनिक विचार नहीं है। हर संस्कृति में समझदार माता-पिता अपने शिशुओं को प्रेमपूर्ण स्पर्श करने वाले माता-पिता होते हैं।

मैं जब अपनी प्रैक्टिस में किसी परेशान रोगी को देखता हूँ तो उसे सांत्वना देते हुए उसके कंधे पर हाथ रखकर कहता हूँ—'दोस्त फ़िक्र मत करो, तुम बिलकुल स्वस्थ हो जाओगे।' तो रोगी मुझसे भावनात्मक जुड़ाव महसूस करता है और आश्चर्यजनक रूप से वह जल्दी ठीक होने लगता है।

जिन अस्पतालों या नर्सिंग होम्स में रोगियों को प्रेमपूर्ण स्पर्श चिकित्सकों या पैरामेडिकल स्टाफ द्वारा नहीं किया जाता वे रोगी वहाँ पर अच्छा महसूस नहीं करेंगे और उनके स्वस्थ होने की सफ़्तार धीमी होगी।

आप कल्पना करें कि आपका एक सिस्ट या फोड़े का ऑपरेशन होना है।

आप ऑपरेशन टेबल पर थोड़ी-सी ग़लत मुद्रा में लेटे हुए हैं। अब सर्जन आकर आपको ग़ुस्से में कठोरता से पकड़कर सीधा करता है और कहता है—'ऐसे ही लेटे रहना, अब गड़बड़ नहीं करना, ओके।' तो यक़ीनन आपका बी.पी. बढ़ जाएगा और आपके एनेस्थेसिस्ट की समस्या में इज़ाफ़ा हो जाएगा।

अब दूसरा सीन यह हो—आपको सर्जन प्रेमपूर्ण हल्के से स्पर्श करे और धीरे-धीरे सही मुद्रा में आने के लिए ज़ोर लगाए और कहे—'ऐसे ही लेटे रहना, अब गड़बड़ नहीं करना, ओके।'

हाँ, दूसरे सीन में आपको लगेगा कि सर्जन बहुत ही प्रेमल है, उसे मेरी परवाह है और यक़ीनन वह मेरा बहुत बढ़िया ऑपरेशन करेगा। मुझे निश्चिन्त होकर उसकी बताई मुद्रा में लेटे रहना चाहिए ताकि उसे कोई परेशानी न आए।

शारीरिक स्पर्श वैवाहिक प्रेम को दर्शाने या ज़ाहिर करने का भी सशक्त माध्यम है। हाथ थामना, गले लगाना, चूमना और सेक्स करना अपने जीवनसाथी के प्रति प्रेम ज़ाहिर करने के तरीक़े हैं। कई लोगों के लिए शारीरिक स्पर्श प्रेम की एक भाषा होती है। इसके बिना उन्हें प्रेम किए जाने का एहसास ही नहीं होता। इससे उनमें भावनात्मक जुड़ाव महसूस होता है और वे अपने जीवनसाथी के प्रेम में बिलकुल सुरक्षित महसूस करते हैं।

चूँकि स्पर्श संवाहक पूरे शरीर में होते हैं, इसलिए प्रेम में अपने जीवनसाथी को कहीं भी स्पर्श करना प्रेम की अभिव्यक्ति ही होता है।

लेकिन यह भी याद रखना चाहिए कि सभी स्पर्श समान नहीं होते हैं। कुछ स्पर्श आपके जीवनसाथी को बाक़ी स्पर्शों की तुलना में ज़्यादा आनन्द

देंगे। आपको इस बारे में सबसे अच्छा फीडबैक आपका जीवनसाथी ही दे सकता है कि उसे सबसे प्रिय कौन-सा स्पर्श लगता है। और फिर आख़िर उसके प्रति ही तो आप अपना प्रेम व्यक्त करना चाहते हैं। उससे अच्छी तरह कौन जान सकता है कि उसे कौन-सा स्पर्श प्रेम भरा लगता है? आपके जीवनसाथी को कुछ स्पर्श असहज या कष्टकारी लग सकते हैं। उन्हीं स्पर्शों को करते रहना प्रेम की विपरीत भावना संप्रेषित करेगा। इससे उसे यह लगेगा कि आप उसकी ज़रूरतों के प्रति संवेदनहीन हैं और आपको उसकी भावनाओं की जरा भी परवाह नहीं है। यह विश्वास करने की ग़लती कभी न करें कि जिस स्पर्श से आपको आनन्द मिलता है, उसी से आपके जीवनसाथी को भी सुख मिलेगा।

अपने साथी के बालों को सहलाना, मसाज करना, उसे गले लगाना, चूमना आदि ऐसे स्पर्श हैं जो आपके प्रेम और रिश्ते में मधुरता लाएँगे। यह सुनिश्चित करें कि आप अपने जीवनसाथी को कम से कम दिन में 10 बार तो अवश्य छुएँगे ही। तो इन्तज़ार किस बात का, शुरुआत आज और अभी से ही कीजिए...।

पुरुष और महिला के लिए तोहफ़ा

प्रेम की ओस

'तोहफ़ा'

एक डॉलर और सत्तासी सेंट। बस... और इनमें से साठ सेंट पेनी में थे। ये पेनी एक-एक, दो-दो करके बचाई गई थी। जिनके लिए किराने वाले, सब्ज़ी वाले, क़साई आदि से किस क़दर भावताव करके उन्हें ध्वस्त करना पड़ा था। डेला ने तीन बार गिना, एक डॉलर सत्तासी सेंट और कल क्रिसमस है।

ज़ाहिर है, अब अपने टूटे-फूटे दीवान पर बैठकर रोने के सिवा कुछ नहीं किया जा सकता था, तो डेला ने यही किया। आख़िर जीवन सिसकियों, ग़म और ख़ुशी का मिला-जुला रूप है, पर शायद आँसू मुस्कान से ज़्यादा मात्रा में होते हैं।

जब तक घर की मालकिन धीरे-धीरे पहले चरण से दूसरे चरण पर आ

रही है, हम एक नज़र घर पर डालते हैं। यह 8 डॉलर प्रतिमाह के किराये का एक फर्निश्ड फ़्लैट था। यह किसी भिखारी का घर तो नहीं कहा जा सकता था, पर कुछ ऐसा ही था अगर आसपास के आलीशान बँगलों को देखा जाए।

नीचे ड्योढ़ी पर एक पत्रपेटी लगी थी, जिसमें कोई पत्र नहीं जाता था, एक बिजली का बटन था, जिस पर उँगली रखकर कोई इंसान नहीं बजाता था। वहाँ एक कार्ड था जिस पर 'मिस्टर जेम्स डिलिंगहेम यंग' नाम लिखा था।

इसमें से 'डिलिंगहेम' नाम तो सम्पन्नता के उस दौर में हवा में उड़ रहा था, जब इसके मालिक को हर सप्ताह तीस डॉलर मिल रहे थे। अब जब आमदनी सिकुड़कर बीस डॉलर रह गई थी, तो 'डिलिंगहेम' के अक्षर धुँधले दिखाई पड़ रहे थे, मानो वे और सिकुड़कर सिर्फ़ 'डी' बन जाने के बारे में सोच रहे हों। लेकिन जब भी मिस्टर जेम्स डिलिंगहेम यंग घर आते थे और ऊपर अपने फ़्लैट में पहुँचते थे, तो मिसेस जेम्स डिलिंगहेम यंग गर्मजोशी से गले लगाकर जिम नाम से उन्हें सम्बोधित करके उनका स्वागत करती थीं, जिनका परिचय ऊपर डेला के रूप में दिया जा चुका है।

डेला ने रोना बन्द किया और गालों पर पाउडर लगाया। वह खिड़की पर खड़ी हो गई और नीरसता से एक भूरी बिल्ली को देखने लगी, जो एक भूरे पिछवाड़े में बनी भूरी बाड़ पर से गुज़र रही थी। अगले दिन क्रिसमस है और उसके पास केवल 1.87 डॉलर थे जिनसे उसे अपने प्यारे जिम के लिए तोहफ़ा ख़रीदना था। कितने ही महीनों से कोशिश कर-करके एक-एक पेनी वह बचा रही थी। हफ़्ते के बीस डॉलर बहुत कम होते हैं। उसने जो हिसाब लगाया था, ख़र्च उससे कहीं ज़्यादा हुए

थे। ख़र्चे हमेशा ही ज़्यादा होते हैं। जिम के तोहफ़े के लिए 1.87 डॉलर। उसके प्यारे जिम के लिए। कितने ही सुखद घंटे उसने उपहार की योजना बनाने में बिताए थे कि जिम के लिए कोई ऐसा तोहफ़ा लाए, जो बढ़िया हो, उत्कृष्ट हो, अनोखा हो कोई ऐसी चीज़—जो जिम के पास होने के सम्मान के क़ाबिल हो।

अचानक वह खिड़की से घूमी और आईने के सामने आकर खड़ी हो गई। उसकी आँखों में ग़ज़ब की चमक थी, पर चेहरे का रंग बीस सेकंड में उड़ गया था। उसने जल्दी से अपने बाल खोले और पूरी लम्बाई से लहरा दिये।

इस घर में दो ही क़ीमती ख़ज़ाने थे, जिन पर जेम्स डिलिंगहेम दम्पती को बेहद गर्व था। एक थी जिम की सोने की घड़ी जो उसे उसके पिता और पिता को दादा से मिली थी। दूसरी क़ीमती चीज़ थी डेला के घने-लम्बे बाल। अगर शैबा की महारानी सामने वाले फ़्लैट में रहती, तो डेला ज़रूर अपने बाल सुखाने के लिए खिड़की के बाहर लटका देती ताकि उनके सोने, चाँदी, हीरे-जवाहरात जड़े आभूषणों और उपहारों की अवमानना हो जाए।

अगर महाराज सोलोमन उसकी बिल्डिंग के रखवाले होते और उनका सारा ख़ज़ाना बेसमेंट में जमा होता, तो जिम जब भी बेसमेंट से गुज़रता, अपनी घड़ी ज़रूर बाहर निकालता ताकि वे जलन के मारे अपनी दाढ़ी नोचने लगें।

इस समय डेला के ख़ूबसूरत रेशमी चमकदार कत्थई बाल किसी बहते झरने की तरह लहरा रहे थे। ये उसके घुटनों के नीचे पहुँचे हुए थे और पोशाक की तरह डेला को ढके हुए थे। उसने जल्दी से अपने बाल बाँधे।

एक मिनट के लिए वह डगमगाई, फिर सीधी खड़ी हो गई। एक-दो आँसू लुढ़ककर घिसे हुए लाल कालीन में जा समाए।

उसने अपना पुराना कत्थई कोट और हैट पहना। स्कर्ट को लपेटा और चमकती आँखों से सीढ़ियाँ उतरकर गली में निकल आई।

एक साइनबोर्ड के आगे वह रुकी, जहाँ लिखा था—'मैडम सोफ्रोनी, सभी तरह के बालों का सामान।'

डेला ने ख़ुद को सँभाला और सीढ़ी चढ़ी। वह हाँफ रही थी। मैडम बहुत लम्बी-चौड़ी, सफ़ेद और ठंडी थी और 'सोफ्रोनी' तो बिलकुल नहीं लग रही थीं।

'आप मेरे बाल ख़रीदेंगी?' डेला ने पूछा।

'मैं बाल ख़रीदती हूँ। अपना हैट उतारो और मुझे देखने दो तुम्हारे बाल कैसे हैं।' मैडम ने कहा।

कत्थई झरनों-सी केशराशि लहराती हुई नीचे आ गई।

'बीस डॉलर।' मैडम के अभ्यस्त हाथों ने बालों को उठाते हुए कहा।

'जल्दी से दे दीजिए मुझे।' डेला ने कहा।

ओह, अगले दो घंटे पंख लगाकर उड़ गए। वह जिम के तोहफ़े के लिए बाज़ार छान रही थी। आख़िर उसे वह चीज़ मिल गई। यह पक्का जिम के लिए ही बनाई गई थी, किसी और के लिए नहीं। इस जैसी चीज़ किसी और दुकान में नहीं थी, उसने हर दुकान को उलटकर रख दिया था। यह प्लेटिनम की एक पॉकेट चेन थी, इसका डिज़ाइन सादा और बेदाग़ था।

जैसी कि सभी अच्छी वस्तुओं की विशेषता होती है, इसकी विशेषता भी इसका मेटिरियल था, न कि बाहरी सजावट। इसमें और जिम में दो बातें एक जैसी थीं—'सादगी और मूल्यवान होना।' यही उस घड़ी के लिए सबसे सही चीज़ है। घड़ी पर इसके लगते ही जिम शान से कहीं भी, कभी भी सटीक समय देख सकेगा। उसकी घड़ी तो बहुत शानदार है, लेकिन उसमें पुराना घिसा हुआ चमड़े का पट्टा लगा होने से वह उसे छिपाकर देखता था। उसने चेन के इक्कीस डॉलर चुकाए और सत्तासी सेंट लेकर घर आ गई।

जब डेला घर पहुँची, तो उसका नशा उतर गया और उसकी जगह अक्ल और तर्क ने ले ली। उसने बाल घुँघराले करने की छड़ी निकाली और उसे गर्म करने लगी। प्यार में त्याग की वजह से हुई बर्बादी के निशानों की उसे अब मरम्मत करनी थी। यह हमेशा ही एक ज़बर्दस्त काम हुआ करता है प्यारे दोस्तो, एक बहुत बड़ा काम।

चालीस मिनटों में उसका सिर छोटे-छोटे घुँघराले छल्लों से ढक गया। वह सुन्दर, शरारती स्कूली लड़के की तरह दिखने लगी। वह देर तक ख़ुद को ग़ौर से आईने के सामने परखती रही।

अगर जिम ने मुझे दोबारा देखने से पहले ही मार न डाला, तो वह मुझसे कहेगा कि मैं कोनी द्वीप की कोई गायिका लग रही हूँ। लेकिन मेरे पास कोई दूसरा रास्ता नहीं था। ओह, मैं कर भी क्या सकती थी। एक डॉलर और सत्तासी सेंट...।

सात बजे चाय का पानी रखकर वह जिम का इन्तज़ार करने लगी। जिम कभी देर से नहीं आता था। डेला ने चेन हाथ में ले ली थी और जिस

दरवाज़े से जिम हमेशा अन्दर आता था, उसके पास वह मेज़ के कोने पर बैठ गई। फिर उसने सीढ़ियों पर क़दमों की आहट सुनी। एक पल को वह सफ़ेद पड़ गई। वह हमेशा छोटी-छोटी बातों के लिए ख़ामोशी से प्रार्थना करती थी। इस बार भी उसने धीरे से प्रार्थना की—'ओह ख़ुदा, मैं जिम को अब भी ख़ूबसूरत दिखूँ।'

दरवाज़ा खुला और जिम अन्दर आया। वह दुर्बल और गम्भीर दिखाई दे रहा था। बेचारा अभी सिर्फ़ बाइस साल का ही था और उस पर परिवार सँभालने का बोझ आ पड़ा था। उसे एक नए ओवरकोट की ज़रूरत थी और उसके पास दस्ताने भी नहीं थे।

जिम दरवाज़े से चुपचाप ऐसे अन्दर घुसा जैसे बटेर की गंध पाया हुआ कोई शिकारी कुत्ता। उसने डेला के ऊपर ऐसी नज़र डाली कि वह अन्दर तक काँप गई। वह भाव ग़ुस्सा नहीं था, आश्चर्य नहीं था, असहमति नहीं थी, आतंक भी नहीं था। बस एक विचित्र भाव लिये वह उसे एकटक देखे जा रहा था।

'जिम डार्लिंग', वह चीख़ी। 'मेरी तरफ़ ऐसे मत देखो। मैंने अपने बाल कटवाकर बेच दिये, इसके बिना मैं तुम्हें क्रिसमस का तोहफ़ा नहीं दे पाती। मेरे बाल बहुत तेज़ी से बढ़ते हैं। बहुत तेज़ी से। ये फिर उग आएँगे। 'मेरी क्रिसमस' बोलो जिम और हम ख़ुशियाँ मनाएँ। तुम्हें अन्दाज़ा नहीं है जिम तुम्हारे लिए मैं कितना प्यारा, कितना ख़ूबसूरत तोहफ़ा लाई हूँ।'

'तुमने अपने बाल कटवा दिये।' जिम को बोलने में बहुत कठिनाई हुई। मानो पूरा ज़ोर लगाने के बाद भी उसका दिमाग़ इस सीधी-सी बात को समझ न पा रहा हो।

'कटवा दिये और बेच भी दिये। क्या मैं तुम्हें बालों के बिना अच्छी नहीं लगती। बाल हों न हों, मैं, मैं ही रहूँगी ना।' डेला ने कहा।

जिम ने बेचैनी से कमरे में निगाह दौड़ाई।

'तुम कह रही हो तुम्हारे बाल अब नहीं हैं।' उसने जैसे बेवक़ूफ़ों की तरह कहा।

'इन्हें इधर-उधर मत तलाशो। मेरे बाल कट चुके हैं और बिक भी चुके हैं। मुझसे प्यार से पेश आओ, आज क्रिसमस की रात है और ये बाल तुम्हारी ख़ातिर ही कटे हैं। मेरे बालों की गिनती हो सकती है, पर मैं तुम्हें कितना प्यार करती हूँ, इसकी गिनती कोई भी कभी भी नहीं कर सकता।' डेला ने गम्भीर मिठास के साथ कहा। 'चाय चढ़ा दूँ जिम!'

जिम जैसे एक झटके से होश में आया। उसने अपनी डेला को सीने से लगा लिया। फिर अपने ओवरकोट की जेब से एक पैकेट निकालकर मेज़ पर फेंक दिया।

'मुझे ग़लत मत समझो डेला।' उसने कहा—'बाल होने न होने, बालों में शैम्पू करने न करने से तुम्हारे लिए मेरे प्यार में कोई फ़र्क़ नहीं आएगा। कोई चीज़ तुम्हारे लिए मेरे प्यार को कम नहीं कर सकती। उस पैकेट को खोलकर देखो, तो तुम्हें समझ में आएगा क्यों मैं पहले तुम्हारी बात से सदमे में आ गया था।'

सफ़ेद उँगलियों ने फुर्ती से काग़ज़ को खोल डाला। फिर ख़ुशी से एक ज़ोरदार चीख़ मारी, जो अचानक धुआँधार आँसुओं में बदल गई। वह इतना रोई कि घर के मालिक को उसे तसल्ली देने में पूरी ताक़त लगा देनी पड़ी।

क्योंकि डेला के सामने ख़ूबसूरत कंघों का एक सेट रखा था : ब्रॉडवे की दुकान की खिड़की पर रखे इस सेट की वह एक लम्बे समय से पूजा करती आई थी। वह असली कछुए के खोल से बने, रत्नों से भरी जड़ाऊ किनारी वाले कंघे थे जो ठीक उसके बालों के शेड के थे। वे बाल, जो अब उसके सिर पर नहीं थे। वह बस मन ही मन ललचाती थी क्योंकि उसे कभी उम्मीद नहीं थी कि इतने महँगे कंघे कभी उसके हो सकते हैं, किन्तु इन अलंकारों से जिन बालों को सजना था, वे ही अब नहीं रहे थे।

उसने उन्हें अपने दिल से लगा लिया और आँसू भरी आँखों से मुस्कुराकर बोली—'मेरे बाल बहुत तेज़ी से बढ़ते हैं जिम।'

फिर वह एक जली बिल्ली की तरह उछल पड़ी और चिल्लाई—'ओह, ओह!'

जिम ने अभी तक अपना ख़ूबसूरत तोहफ़ा नहीं देखा था। उसने बड़ी उत्सुकता से अपनी खुली हथेली पर इसे रखकर जिम की तरफ़ बढ़ाया। वह रंगहीन धातु डेला की प्रेम की भावना की तीव्रता से चमक रही थी।

'बढ़िया है न जिम? इसके लिए मैंने पूरा शहर छान मारा। अब तुम दिन भर में सौ बार समय देखोगे। अपनी घड़ी तो मुझे दो। ज़रा देखूँ इस पर कैसी लगेगी।'

डेला की बात मानने की बजाय जिम दीवान पर लुढ़क गया। उसने अपने हाथ अपने सिर के पीछे किए और मुस्कुराने लगा।

'डेला, चलो हम अपने क्रिसमस के तोहफ़ों को कुछ देर के लिए अलग रख देते हैं। वे इतने अच्छे हैं कि इस समय हम उनका इस्तेमाल नहीं कर

सकते। मैंने तुम्हारे कंघे ख़रीदने के लिए अपनी घड़ी बेच दी। अब एक कप चाय मिल जाए, तो कैसा रहे?'

जैसा कि आप जानते हैं, वे ज्ञानी, बुद्धिमान लोग थे, जो चरागाह में लेटे शिशु (ईसा मसीह) के लिए तोहफ़े लाए थे। क्रिसमस के तोहफ़े देने की परम्परा उन्होंने निकाली थी। वे बुद्धिमान थे इसलिए उनके तोहफ़े भी निश्चित ही बुद्धिमानी से भरे थे और शायद एक जैसे हो जाने की स्थिति में, उनमें आपस में लेन-देन और बदलने का भी रिवाज हो और यहाँ मैंने आपके लिए सीधे-सादे ढंग से एक फ़्लैट में रहने वाले दो बेवकूफ़ बच्चों की नीरस कहानी सुनाई है, जिन्होंने बहुत ही बेवकूफ़ी से एक-दूसरे के लिए अपने घर के सबसे बड़े ख़ज़ाने कुर्बान कर दिये। पर आजकल के अक्लमंदों से मैं यह आख़िरी बात कहना चाहूँगा कि जो लोग तोहफ़े देते हैं, उनमें से ये दोनों सबसे अक्लमंद थे। वे सबसे अक्लमंद हैं, वे करिश्माई हैं।

तोहफ़े हर रिश्ते के लिए एक जीवन-रक्षक दवाई की तरह काम करते हैं। तोहफ़े लेना और देना दोनों ही आवश्यक हैं। ओ हेनरी की उपरोक्त विश्व प्रसिद्ध कहानी हमें इस बात से अवगत करा रही है कि तोहफ़े कितने ज़रूरी और भावनात्मक रिश्ते की बुनियाद बना देते हैं।

तोहफ़े प्रेम की दिखने वाली निशानी होते हैं

तोहफ़े प्रेम की दिखने वाली निशानी होते हैं। मनुष्य तोहफ़े लेते और देते हैं। यह रीत बहुत पुरानी है शायद उतनी ही पुरानी जितनी कि मनुष्यता है। शादियों और सगाई में भी दूल्हा-दुल्हन एक-दूसरे को अँगूठी पहनाते हैं।

यह सिर्फ़ बातें नहीं हैं। तोहफ़ों में एक महत्त्वपूर्ण राज छुपा हुआ है और वह

यह कि इनका उच्च भावनात्मक मूल्य होता है। तोहफ़े कई रंगों, आकारों और प्रकारों के होते हैं। कुछ महँगे होते हैं और कुछ बिलकुल मुफ्त। तोहफ़े की क़ीमत मायने नहीं रखती जब तक कि यह आपके बजट से बेमेल न हो। अगर कोई करोड़पति नियमित रूप से सिर्फ़ एक रुपये चाकलेट का उपहार देने लगे तो उसकी पत्नी के मन में यह सवाल उठना स्वाभाविक है कि क्या यह प्रेम का इजहार है? क्या वह बस इस तोहफ़े के ही लायक है? पर जब परिवार के आर्थिक संसाधन सीमित हों तो इसी एक रुपये के तोहफ़े में लाखों का प्रेम समा सकता है और आपका जीवनसाथी आपसे और ज़्यादा प्रेम करने लग सकता है।

तोहफ़े हक़ीक़त में वह चीज़ हैं जिसे हम अपने हाथ में पकड़कर यह कह सकें कि 'देखो, वह मुझसे कितना प्रेम करता है' या 'उसे मेरी कितनी परवाह है' या 'मैं उसके लिए कितना/कितनी ज़रूरी हूँ।' किसी को तोहफ़े देने के लिए यह ज़रूरी है कि आप उसके बारे में सोचें, उसे महत्त्व दें। तोहफ़े इन्हीं बातों के प्रतीक होते हैं। इससे कोई फ़र्क़ नहीं पड़ता कि उस तोहफ़े की क़ीमत क्या है? फ़र्क़ इस बात से पड़ता है कि आपने उसके बारे में सोचा और उसे अहमियत दी। तोहफ़े में किसी के प्रति प्रेम का इजहार छुपा हुआ है, बस वही बात ख़ास है।

स्त्री-पुरुष के लिए तोहफ़े के अलग-अलग मायने होते हैं। तोहफ़ों के पीछे भी एक बड़ा मनोविज्ञान है। महिलाएँ तोहफ़ों से भावनात्मक जुड़ाव महसूस करती हैं, लेकिन पुरुष तोहफ़ों के लिए भी अपने तर्क का इस्तेमाल करते हैं। पुरुष उन तोहफ़ों को पसन्द करता है जो उसके किसी काम आए जैसे–पेन, घड़ी, शर्ट, परफ्यूम्स, डायरी, की-चेन्स आदि ।

यदि पुरुष को तोहफ़े में कोई ऐसी चीज़ दे दी जाए जो कि काफ़ी महँगी हो लेकिन किसी काम की न हो तो वह पत्नी पर ख़ुश होने की बजाय नाराज हो जाएगा। यदि आप इसका प्रैक्टिकल करना चाहती हैं तो अपने पति के लिए एक महँगा-सा गुलदस्ता लेकर आएँ। उसे देखते ही आपके पति आपको अर्थशास्त्र पर एक लम्बा-सा लेक्चर देने लग जाएँगे और हो सकता है आप दोनों की लड़ाई भी हो जाए। पुरुष का मस्तिष्क तार्किक दृष्टिकोण से सोचता है, वह हर बात में तर्क लगाता है यदि उसे तार्किक रूप से तोहफ़ा अच्छा लगता है तो वह ख़ुश हो जाएगा और यदि उसे लगेगा कि यह तोहफ़ा केवल पैसे की बर्बादी है, तो वह उससे प्रभावित नहीं होगा और न ही वह उस पर गर्मजोशी से कोई प्रतिक्रिया देगा या यह भी हो सकता है कि उलटा वह आपसे लड़ ले या आपसे नाराज हो जाए।

पुरुष तार्किक और लक्ष्य केन्द्रित होते हैं अर्थात यदि उन्हें एक ही तोहफ़ा अच्छा दे दिया जाए तो वह बहुत समय तक उससे प्रसन्न रहते हैं। जबकि महिलाओं के साथ ऐसा नहीं है। वे हर तोहफ़े के लिए पुरुष को अंक देती हैं चाहे गिफ़्ट बड़ा हो या छोटा, काम का हो या ना हो अर्थात महिला को वह पुरुष ज़्यादा रोमांटिक लगेगा जो उसके लिए साल के 365 दिन गुलाब ख़रीदकर लाता है, बनिस्बत इसके कि वह पुरुष जो अपनी पत्नी को साल में एक बार कोई बड़ा तोहफ़ा दे। पुरुष यही ग़लती करते हैं, वे अपनी पत्नी को भी अपनी ही तरह सोचने वाला प्राणी समझते हैं और उसके लिए एक बड़ा और काम का गिफ़्ट या तोहफ़ा देने का प्लान बनाते रहते हैं, जिससे कि रिश्ता कई दिनों और महीनों तक बेजान पड़ा रहता है। इसलिए याद रखें पुरुष छोटे-छोटे अनेक तोहफ़े पत्नी को दें और पत्नी बड़ा और काम आने वाला तोहफ़ा पुरुष को दे।

तोहफ़े आप ख़रीद भी सकते हैं और उन्हें बनाया भी जा सकता है। वह पति जो बगीचे में लगा फूल तोड़कर पत्नी को देता है, उससे प्यार का इजहार करता है। जिस प्रेमी के पास ग्रीटिंग कार्ड ख़रीदने के लिए पैसे या समय नहीं हैं, वह मुफ़्त में ग्रीटिंग कार्ड बना सकता है। एक अच्छा-सा काग़ज़ लें, उसे बीच से मोड़ें और दिल का आकार बनाकर उस पर लिख दें—'आई लव यू' और नीचे अपना नाम लिख दें। याद रखें कि तोहफ़े महँगे ही हों यह बिलकुल भी ज़रूरी नहीं है।

तोहफ़े चुनने के लिए आप यह करें कि उन सब तोहफ़ों की सूची बनाएँ जिन्हें पाने के बाद आपका जीवनसाथी पिछले कुछ सालों में रोमांचित और ख़ुश हुआ है। ये तोहफ़े या तो आपने या परिवार के दूसरे सदस्यों या दोस्तों ने उसे दिये होंगे। इस सूची से आपको यह पता लग जाएगा कि आपके जीवनसाथी को किस तरह के तोहफ़े पाकर विशेष ख़ुशी मिलेगी।

आपकी उपस्थिति सबसे बड़ा उपहार है

नेहा को रोज़ाना अच्छे-अच्छे उपहार देता था, कभी गुलाब, तो कभी चॉकलेट, तो कभी ड्रेस या नेकलेस भी। लेकिन कबीर एक बार ग़लती कर बैठा। जब नेहा अपने बच्चे को जन्म दे रही थी, उस समय वह अपने बिज़नेस के काम से दूसरे शहर चला गया और जाते वक़्त अपनी बहन के हाथों एक गुलदस्ता और एक रिंग भिजवा दी। डिलिवरी के बाद उसका फ़ोन पर हाल जानकर फिर बिज़नेस के कामों में व्यस्त हो गया। नेहा प्रसव-पीड़ा से कराहती रही और कबीर उससे मिलने तीन दिन बाद आया। अब नेहा उससे नाराज़ थी, जबकि उसने उसे गिफ़्ट दिया था, लेकिन वह यह भूल गया था कि इस वक़्त उसकी उपस्थिति ही नेहा के लिए सबसे

अच्छा और एकमात्र उपहार था, जिसका कोई भी विकल्प नहीं हो सकता।

जीवनसाथी अपनी-अपनी उपस्थिति को भी उपहार के रूप में अवश्य पेश करें और हाँ, और फिर याद रखें इस उपहार का कोई विकल्प नहीं है।

याद रखें!

आप बग़ैर प्रेम के कुछ दे सकते हैं, लेकिन आप बग़ैर कुछ दिए प्रेम नहीं कर सकते।

बहस से बचा जा सकता है

बहस करने के लिए दो लोगों की ज़रूरत होती है, लेकिन सौभाग्य से बहस रोकने के लिए एक ही व्यक्ति पर्याप्त है।

—जॉन ग्रे

हर रिश्ते की सबसे बड़ी चुनौती होती है 'बहस'। अक्सर पति-पत्नी किसी बात पर चर्चा करना शुरू करते हैं और कुछ देर बाद उनमें बहस शुरू हो जाती है और बहस शुरू होने के कुछ देर बाद उनमें लड़ाई छिड़ जाती है। छोटी सी बात का बतंगड़ बन जाता है। घर की शान्ति कलह में बदल जाती है। दोनों एक-दूसरे से प्रेम से बात करने के बजाय एक-दूसरे को चोट पहुँचाने पर आमादा हो जाते हैं। वे एक-दूसरे की ग़लतियाँ निकालते हैं, ख़ामियाँ बताते हैं, शिकायतें करते हैं, फिर पुरानी बातों को याद दिलाकर अपने पक्ष को और मज़बूत बनाते हैं।

युगलों में हमेशा बहस होती ही रहती हैं। बहस से बचने के लिए हमें यह स्वर्णिम नियम याद रखना चाहिए कि हमारे साथी को हमारे शब्दों से नहीं

उन्हें बोलने के अन्दाज़ से चोट पहुँचती है। हम क्या बोल रहे हैं, इससे सामने वाले को उतनी चोट नहीं पहुँचती जितनी कि इस बात से पहुँचती है कि हम उसे किस तरह से बोल रहे हैं। अच्छे शब्द भी ग़लत तरीक़े से बोलने पर दिल दुखा सकते हैं और बुरे शब्द अच्छे तरीक़े से बोलकर झगड़े को सुलझा सकते हैं। कहते हैं न कि 'अन्दाज़े बयां बात बदल देते हैं वरना दुनिया में कोई नई बात नहीं।' युगलों में होने वाली बहस पर जॉन ग्रे ने कई किताबें लिखी हैं जिन्हें बहस से बचने वालों को पढ़ना ही चाहिए।

'आई एम सॉरी' वह तीन स्वर्ण शब्द हैं जो बहस पर तुरन्त विराम लगा सकते हैं, आपके झगड़े को ख़त्म कर सकते हैं। पुरुष इस वाक्य को बहुत ही दुर्लभ क्षणों में बोलते हैं क्योंकि उनका आदिम विकास उन्हें ग़लतियाँ नहीं मानने देता, क्योंकि ग़लती मानने का मतलब होता है 'हार'। पाषाण युग में पुरुष एक शिकारी था इसलिए उसके सम्मान के लिए जीत ज़रूरी थी। इसलिए वह हार को आसानी से स्वीकार नहीं करता। यदि पुरुष पत्नी से बहस में हार भी जाता है तो पत्नी के लिए यह हानिकारक ही होगा क्योंकि पति का मस्तिष्क उसे एक प्रतिद्वंद्वी के रूप में लेगा, एक ऐसा प्रतिद्वंद्वी जिससे वह हारकर अपना सम्मान खो चुका है।

बहस में हम एक-दूसरे को चोट पहुँचाना चाहते हैं। हम भूल जाते हैं कि हम भिन्न हैं, अलग हैं, हमारा मनोविज्ञान और सोचने का नज़रिया अलग है। इसलिए हममें असहमति होना स्वाभाविक है, लेकिन हम यह सत्य दरकिनार कर युद्ध के लिए कमर कस लेते हैं और अपने रिश्ते को छिन्न-भिन्न कर देते हैं।

बातचीत किसी भी रिश्ते की सबसे महत्त्वपूर्ण बुनियाद है और बहस सबसे

विनाशकारी। कई लोग कभी बहस नहीं करते, परन्तु अपनी शिकायतों को मन में इकट्ठा करते रहते हैं और अपने भीतर एक ज्वालामुखी को पाल लेते हैं। ऐसा करना भी ठीक नहीं है। क्योंकि ऐसा करके आप एक बड़े युद्ध की तैयारी कर रहे होते हैं।

पुरुषों के दृष्टिकोण से बहस के कारण

पुरुषों को यह पसन्द नहीं होता कि पत्नी उससे हर समय शिकायत ही करती रहे और उसे किसी भी बात का श्रेय न दे। पत्नी की अपनी ख़ुद की चिन्ताओं के लिए भी वह पति को ही दोषी माने। पत्नी चाहती है कि उसकी हर परेशानी को पुरुष बिना कहे ही समझ जाएँ पुरुषों को यह बिलकुल पसन्द नहीं होता कि पत्नी उन्हें हर बात में छोटे बच्चों की तरह गाइड करती रहे या सलाह दे। पत्नी पुरुष की हर बात पर बुरा मान जाती है, उस पर भी जो पुरुष की नज़र में एकदम सामान्य है यह भी पुरुषों में खीज पैदा करता है। पत्नी पुरुष की उपलब्धियों की प्रशंसा करने के स्थान पर उसकी कमियाँ गिनाती रहती है।

महिलाओं के दृष्टिकोण से बहस के कारण

जब पुरुष पत्नी की सारी परेशानियों की वजह भी पत्नी को ही बताता है तो पत्नी उस पर बिगड़ जाती है। जब पुरुष आक्रामक होकर ऊँची आवाज़ में पत्नी पर हावी होना चाहता है तो पत्नी भी फट पड़ती है। जब पुरुष समस्याओं को सुनकर या अनसुना करके भी तुरन्त पत्नी को समाधान सुझाने लगता है। जब पुरुष पत्नी के बताए गए कामों को करना भूल जाता है या उन्हें टालता रहता है। जब पुरुष महिला के सवालों का जवाब, हाँ,

हूँ या सिर्फ़ सिर हिलाकर देता है। जब पुरुष भावनात्मक विषयों पर भी तर्क के दृष्टि से अपने विचार रखता है।

उपरोक्त प्रमुख कारण हैं जो महिला एवं पुरुष को अपने साथी से बहस के लिए प्रेरित करते हैं।

जो समझदार महिला या पुरुष बहस से बचना चाहते हैं वे निम्न बिन्दुओं का अनुसरण करें :

महिलाएँ बहस से बचने के लिए यह करें

- पत्नी को पता होना चाहिए कि पुरुष सराहना के भूखे होते हैं। यदि आप उनकी कोई शिकायत करना भी चाहती हैं तो पहले उनकी कुछ सराहना करें और अन्त में एक शिकायत भी कह डालें। इससे आपकी बहस भी नहीं होगी और आपकी शिकायत का निराकरण भी हो जाएगा।
- जब आप अपनी चिन्ताओं के लिए पुरुष को ही ज़िम्मेदार बताएँगी तो उसका मस्तिष्क इसे स्वयं की एक विफलता मानेगा। पुरुषों की आदिम प्रवृत्ति इससे रुष्ट हो जाएगी और आपकी चिन्ताओं में एक इज़ाफ़ा यह बहस और कर देगी। इसलिए अपनी चिन्ताओं का सीधा-सीधा ज़िम्मेदार पति को न बनाएँ। पहले उसकी उपलब्धियाँ गिनाएँ उसके बाद अपनी चिन्ता की वजहों पर बात करें।
- हम जानते हैं पुरुषों के मस्तिष्क का विकास एक शिकारी के रूप में हुआ है इसलिए वह संवेदना या भावनाओं या बॉडीलैंग्वेज को आसानी से नहीं समझ पाते। इसके लिए आपको चाहिए कि आप अपनी परेशानी उसे ख़ुद ही स्पष्ट शब्दों में बता दिया करें।
- पुरुष को अधिक सलाह न दें क्योंकि वह इसे अपनी नाकामी मानता

है या उसका अवचेतन आपको उस पर हावी होने वाला या उसे नीचे दिखाने वाला मानेगा क्योंकि यह उसकी आदिम-प्रवृत्ति है।

- पुरुष चाहता है कि उसे स्वीकार किया जाए और उस पर भरोसा किया जाए जब आप उसकी हर बात पर बुरा मानेंगी तो उसे लगेगा कि उसे अस्वीकार किया जा रहा है या उसे नाकारा समझा जा रहा है।
- पुरुष को सराहे जाने की ज़रूरत होती है, लेकिन जब कोई उसकी कमियाँ गिनाने लगता है तो उसका मस्तिष्क ऐसे व्यक्ति से बहस करने की कोशिश करने लगता है।

पुरुष बहस से बचने के लिए यह करें

- पुरुष को समझना चाहिए कि महिला आख़िर परेशान क्यों है। उसे अपनी बातों से आश्वस्त करना चाहिए वह उससे बहुत प्रेम करता है और उसे उसकी बहुत परवाह है।
- जब पुरुष आक्रामक होकर ऊँची आवाज़ में बातें करता है तो महिला को यह लगता है कि वह उसका सम्मान नहीं करता। पुरुष जब भी अपना पक्ष रखे तो वह सौम्य भाषा में ही तथा बीच-बीच में प्रिय या अन्य मीठे-मीठे शब्दों का प्रयोग करता रहे।
- पुरुषों को यह बात समझ लेनी चाहिए कि महिला को समस्या सुलझाने या हल करवाने में कोई दिलचस्पी नहीं होती। वह तो बातों से केवल अपना दिल हल्का करना चाहती है, इसलिए पुरुष जब पत्नी की समस्या सुने तो उसे तुरन्त समाधान न सुझाए बस वह इतना करे कि उसकी बात को ध्यान के साथ पूरा सुन ले।

- जब पुरुष पत्नी के बताए हुए कामों को भूल जाता है तो उसे ऐसा लगता है कि पुरुष को उसकी कोई परवाह नहीं है, वह उसके लिए कोई महत्त्व नहीं रखती। इससे बचने के लिए पुरुष पत्नी के बताए हुए कामों को किसी पेपर पर लिख लिया करें या मोबाइल फ़ोन में एक रिमाइंडर सेट कर ले ताकि वह उसे भूले ना।
- पत्नी को यह लगना चाहिए कि पुरुष उसकी बातों को सुन रहा है और वह उसकी बातों पर ध्यान दे रहा है तथा उसे उसकी परवाह है। इसलिए पति को चाहिए कि वह बातें करते हुए हाँ, हूँ या सिर हिलाने के स्थान पर कुछ बड़े शब्दों या वाक्यों का प्रयोग किया करे।
- पत्नी अपनी भावनाएँ आपको बताना चाहती है और उन्हें पति से साझा करना चाहती है। पुरुष को यह समझना चाहिए कि महिला को समझाइश की नहीं बल्कि प्रेम की आवश्यकता होती है। उसे समझने की ज़रूरत होती है। वह चाहती है कि उसे सहारा दिया जाए।

अन्त में यह स्वर्णिम नियम याद रखें—विवाह या प्रेम की सफलता सही साथी तलाश करने से नहीं होती, बल्कि सही साथी बन जाने से होती है।

सामान्य ग़लतियाँ जो पुरुष करते हैं

हम जीवन में बहुत जल्दी ही अपने व्यक्तिगत महत्त्व को अपने उत्पादन या काम से क्यों जोड़ लेते हैं? इसलिए क्योंकि हमने यह सीखा है कि सिर्फ़ इंसान होना ही काफ़ी नहीं है, बल्कि दूसरों की स्वीकृति पाने के लिए हमें बहुत कुछ करना भी होता है।

डॉ. एलन लॉय का अनुभव यहाँ पर विचारणीय है :

मेरा एक रोगी अपने व्यावसायिक जीवन में तो बेहद कामयाब था, लेकिन व्यक्तिगत जीवन में निहायत ही असफल था। वह बताता है कि वह ऐसे परिवार में बड़ा हुआ था, जहाँ ज़िन्दगी में काम को ही सब कुछ समझा जाता था। वह कहता है, 'मेरे माता-पिता शुद्धिवादी (Puritans) थे। वे कभी पार्टियों या डिनर में नहीं जाते थे, उनके बहुत कम सामाजिक सम्पर्क थे और वे काम को बहुत ज़्यादा महत्त्व देते थे।'

'जब मेरी बहन और मैं छोटे थे, तो हमें बहुत ज़्यादा चूमा या गले नहीं

लगाया जाता था। हमारे माता-पिता प्यार का ख़ास इज़हार नहीं करते थे। बेशक वे हमें प्रेम करते थे, लेकिन वे हमें ज़्यादा गले नहीं लगाते थे। उन्हें इस बात की चिन्ता थी कि बड़े होकर हमारे सिर घमंड से फूल जाएँगे, इसलिए विनम्रता को बहुत बड़ा गुण माना जाता था और वे हमारी ज़्यादा प्रशंसा भी नहीं करते थे।'

'लेकिन मैं जानता था कि अगर मैं शनिवार को बहुत अच्छी तरह लॉन तराशूँगा, तो डिनर टेबल पर डैडी मम्मी से कहेंगे या मम्मी डैडी से कहेंगी : टॉम ने आज लॉन पर बहुत अच्छा काम किया है, है ना?'

कोई भी बच्चा प्यार पाने के लिए हर काम करने को तैयार रहता है, इसलिए यह अन्दाज़ा लगाना मुश्किल नहीं है कि वह लॉन पर किस तरह काम करता था। *'मैं लॉन को एक बार तराश देता था, लेकिन इतने से ही संतुष्ट नहीं होता था। मैं दोबारा लॉन के एक सिरे से दूसरे सिरे तक जाता था और हर कोण से दूसरी बार तराशता था। डिनर पर अपनी छोटी-सी तारीफ़ सुनने के लिए मैं कुछ भी करने को तैयार था।'*

'जब मैं 11 साल का हुआ, तो मेरे कज़िन ने मुझे अपनी मशीन शॉप में मदद करने का काम दे दिया। गर्मियों में मैं हर दिन काम करता था, झाड़ू से खुरचन साफ़ करता था, छुटपुट काम करता था और डेंटिंग-पेंटिंग भी करता था। मैं काम का इतना ज़्यादा भूखा था कि शायद मैं 11 साल की उम्र में ही आदर्श कर्मचारी बन चुका था। मेरे कज़िन के साथ बात करने के बाद जब डैडी घर लौटते थे, तो वे मम्मी को बताते थे कि मैं दुकान में कितनी कड़ी मेहनत कर रहा था और मैं इस प्रशंसा की धूप सेंकता था।'

इस युवक ने पाया कि उसका महत्त्व उसके उत्पादन के साथ जुड़ा हुआ है, इसलिए स्वाभाविक है कि बड़ा होकर भी वह बहुत कड़ी मेहनत करता था। वह हमेशा दो नौकरियाँ करता था और बालिग़ होने

के बाद हमेशा कॉलेज में पार्ट-टाइम पढ़ाई करके अपनी योग्यता बढ़ाता था और ज़्यादा डिग्रियाँ लेता था। लेकिन अन्ततः यह सब कुछ उलटा पड़ गया। शादी हुई तो उसने यह मान लिया कि उसकी पत्नी भी उसे उसी वजह से महत्त्व देगी, जिस वजह से उसकी माँ देती थीं इसलिए उसने आपा-धापी भरी ज़िन्दगी जारी रखी। उसे लगा कि उसकी पत्नी यह जान जाएगी कि वह ये काम उसे ख़ुश करने के लिए कर रहा है। लेकिन यह एक घातक ग़लतफ़हमी थी, क्योंकि बाद में उसे यह पता चला कि पत्नी तो यह ज़्यादा पसन्द करती है कि वह घर पर टी.वी. देखे या बस सोफ़े पर बैठा रहे।

वह कहता है, 'पत्नी तो बस यह चाहती थी कि मैं उसके पास बैठूँ। काफ़ी हद तक वह मुझे उसी रूप में पसन्द करती थी, जैसा मैं था। इसके लिए यह ज़रूरी नहीं था कि मैं एक और डिग्री के लिए आपाधापी करूँ या ज़्यादा घंटे काम करने का नया रिकॉर्ड बनाऊँ। काश! मैंने यह बात जल्दी समझ ली होती, तो मेरा तलाक़ नहीं होता।'

उपरोक्त प्रसंग से स्पष्ट है कि पुरुष अपना व्यवहार एवं प्रेम पत्नी के लिए भी वैसा ही रखता है जैसा कि वह परिवार के अन्य सदस्यों के साथ रखता है। पुरुष यह आशा करता है कि पत्नी उन्हीं बातों या उपलब्धियों पर ख़ुश होगी जिस पर कि उसके माता-पिता या भाई-बहन होते हैं। वह यह सोच लेता है कि सभी का दिल एक ही तरह की उपलब्धि या व्यवहार से जीता जा सकता है। हो सकता है कि आपके ऑफ़िस में आपको मिली तरक़्क़ी से आपके पिता गौरवान्वित हों और आपकी पत्नी उदास हो जाए कि अब आप पहले से भी ज़्यादा व्यस्त हो जाएँगे। आपको नए सूट में देखकर आपकी माँ आपकी नज़र उतारने लगेगी, वहीं आपकी पत्नी यह सोचकर चिन्तित हो सकती है कि ऑफ़िस की कोई महिला आप पर डोरे न डालने लगे। आपके नियम-क़ायदे आपके मित्रों को अच्छे लगते होंगे, लेकिन

आपकी पत्नी को यह लकीर का फ़क़ीर होना ऊबाऊ लग सकता है।

- तो पहली ग़लती पुरुष यह करते हैं कि वे पत्नी को प्रसन्न करने के लिए वही कार्य करते हैं जिससे कि उनके दूसरे रिश्तेदार या मित्र प्रसन्नता व्यक्त करते हैं।

- दूसरी ग़लती पुरुष ये करते हैं कि वे महिला की बातों को सुनते नहीं हैं। यदि सुनेंगे तो भी जल्दबाज़ी में या हाँ, हूँ करते हुए। जबकि महिला अपने दिल का गुबार अपने जीवनसाथी को कहकर या सुनाकर निकालना चाहती है। महिलाओं का दिल किसी को अपनी दिल की बात बता देने भर से हल्का हो जाता है चाहे आप उस पर कोई प्रतिक्रिया न करें तब भी।

- तीसरी ग़लती पुरुष ये करते हैं कि वे बातों को तर्क के आधार पर सुनते हैं और तुरन्त हातिमताई बनकर उसका हल सुझाने लगते हैं। यदि पत्नी हल को नज़रअन्दाज़ करते हुए अपनी बात ज़ारी रखती है तो पुरुष नाराज़ हो जाता है और पत्नी को मूर्ख समझने लगता है। पुरुष को फिर यह बात याद रखनी चाहिए कि पत्नी को उसकी समस्या के हल से इतना कोई सरोकार नहीं रहता जितना कि अपनी बात को सुनाकर अपना मन हल्का करने से होता है।

- प्रेम अक्सर इसलिए असफल होता है क्योंकि लोग वही देते हैं, जो वे पाना चाहते हैं। चूँकि पुरुष और महिला की मूलभूत आवश्यकताएँ अलग-अलग हैं, इसलिए वे सामने वाले को उसकी चाही गई चीज़ कभी नहीं दे पाते। जब हम अपने पार्टनर की मूलभूत आवश्यकताओं को समझ लेते हैं तो हमारे लिए सही दिशा में प्रयास करना आसान हो जाता है।

- पुरुषों को समस्या के हल से मतलब होता है, उन्हें लम्बी-चौड़ी कहानी

सुनने में ज़्यादा दिलचस्पी नहीं होती इसलिए वे पत्नी की बात को सुनते ही हल बताना शुरू कर देते हैं जिससे पत्नी ख़ुश होने के बजाय नाराज़ हो जाती है और पति उस पर ग़ुस्सा।

- चौथी आम ग़लती पुरुष यह करते हैं कि वे सेक्स को ही प्रेम समझ लेते हैं जबकि सेक्स प्रेम का मात्र एक छोटा-सा हिस्सा है।

वह फ़िल्मों, डेली सोप्स एवं ख़बरों में सेक्स के कारण टूटते रिश्तों की ख़बरें पढ़कर स्वयं को सेक्स के लिए शक्तिशाली बनाने के नुस्खे तलाशता रहता है। वह कई महँगी दवाओं का सेवन करने लगता है, लेकिन फिर भी रिश्तों में कोई प्रगाढ़ता नहीं आती। क्योंकि वह सेक्स के आधार पर रिश्ते में प्रगाढ़ता की अपेक्षा कर रहा है जबकि स्त्री रूखे व्यवहार के साथ सेक्स करने पर पति को वहशी जानवर या संवेदनाहीन रोबोट मान रही है। पत्नी को बिना प्रेम के सेक्स से ऐसा सन्देश जाता है कि उसे केवल उपभोग की वस्तु समझा जा रहा है। पुरुष ये भूल जाते हैं कि जिन युगलों में प्रेम होता है वहाँ सेक्स इतना महत्त्वपूर्ण नहीं रहता और न उसे अपने रिश्ते की प्रगाढ़ता साबित करने की आवश्यकता पड़ती है।

सामान्य ग़लतियाँ जो महिलाएँ करती हैं

महिला और पुरुष की शारीरिक, वैचारिक एवं भावनात्मक भिन्नता हम इस पुस्तक में जान चुके हैं। महिला पुरुषों के मामले में कई सामान्य ग़लतियाँ करती हैं जिसके कारण महिला-पुरुष सम्बन्धों में कड़वाहट आ जाती है। हम इन ग़लतियों को यदि समझ लें और उसे न दोहराएँ तो हमारे सम्बन्ध वर्तमान से कई गुना अच्छे हो सकते हैं।

- महिलाओं की सबसे सामान्य ग़लती होती है कि वे पुरुष से अधिक से अधिक बातें करना चाहती हैं। वे सोचती हैं कि अधिक बात से भावनात्मक जुड़ाव प्रगाढ़ होता है जबकि पुरुष केवल कम शब्दों में बात कहना एवं तत्काल उसका हल सुझाने में विश्वास रखते हैं इसलिए पत्नी अपनी बातचीत को थोड़ा संक्षिप्त करे।

- दूसरी सामान्य ग़लती जो महिलाएँ करती हैं वह है पुरुषों से अत्यधिक प्रश्न पूछना। वे यह समझती हैं कि अधिक से अधिक प्रश्न पूछकर

वह पुरुष को भावनात्मक सहारा देगी क्योंकि इससे पुरुष की समस्या के बारे में पता चलेगा तथा वह उसका समाधान करने में उसकी मदद करेगी। जबकि पुरुष को अधिक सवालों का जवाब देना बिलकुल पसन्द नहीं होता। चाहें तो आप आज आज़मा कर देख लें। आज शाम को जब आपके पति घर आएँ तो आप उन पर आते ही लगभग 10 से 15 सवालों की बौछार कर दें और फिर देखें कि इसका आपके पतिदेव पर क्या असर होता है।

- तीसरी आम ग़लती जो महिलाएँ करती हैं वह यह है कि वे अपने पति को बिन माँगी सलाहें देने लगती हैं। लक्ष्य हासिल करना, सफलता प्राप्त करना और अपनी योग्यताओं को साबित करना पुरुषों का आदिम गुण है। यदि कोई व्यक्ति उसे सलाह देता है तो वह उसे अपनी पराजय समझता है और सामने वाले व्यक्ति को अपना प्रतिद्वंद्वी मानता है। पुरुषों को वे लोग आदिकाल से ही नापसन्द हैं जो उन्हें बिन माँगे राय दें।

- चौथी ग़लती महिलाएँ ये करती हैं कि वे अपने पति की तुलना किसी अन्य पुरुष से कर देती हैं। ये तुलना उनके प्रेम के पतझड़ के लिए सबसे अधिक ज़िम्मेदार होती है क्योंकि पुरुष का अवचेतन इसे स्वयं की हार मानता है और उसे हारने वाला घोषित करने वाले अम्पायर को एक शत्रु के रूप में देखता है जिसने कि उसके पक्ष में फ़ैसला नहीं सुनाया है जबकि उसके अधिकांश कार्य उसे प्रसन्न और ख़ुश करने के लिए ही तो थे।

- पाँचवीं आम ग़लती महिलाएँ ये करती हैं कि वे अपनी परेशानियों

या तकलीफ़ों का रोना हमेशा रोती रहती हैं। जब वे हमेशा अपनी परेशानियाँ पति या अन्य किसी रिश्तेदार के सामने सुनाती हैं तो पति का अवचेतन उसे उसकी हार के रूप में पेश करता है क्योंकि आदिकाल में वही पुरुष सफल माना जाता था जिसके बच्चे व पत्नी ख़ुश हों तथा जिन्हें भरपूर भोजन और सुरक्षा प्राप्त हो, इसके विपरीत होने पर उस पुरुष को असफल माना जाता था।

- छठी आम ग़लती महिलाएँ ये करती हैं कि वे अपने पति की हमेशा ग़लतियाँ दुरुस्त करने की कोशिश करती रहती हैं एवं उसमें सुधार के लिए हमेशा प्रयासरत रहती हैं। इससे पुरुष ये अनुभव करता है कि महिला उससे प्रेम नहीं करती क्योंकि वह उसमें हमेशा ही ग़लतियाँ ढूँढ़ती रहती है। जबकि वह उसे कितना प्रेम करता है और उसी के लिए दिन-रात मेहनत करता रहता है। जब उसका अवचेतन इन सिग्नल्स को ग्रहण करता है तो उसके मन में महिला के प्रति प्रेम कम होता जाता है।

प्रेम की ओस

एक कहानी हम सभी युगलों के लिए

लैरी और एन एक सामान्य दम्पती थे। वे एक सामान्य सड़क पर एक सामान्य मकान में रहते थे। हर सामान्य दम्पती की तरह वे भी महीने का ख़र्च मुश्किल से चलाते थे और अपने बच्चों का अच्छा लालन-पालन करना चाहते थे।

वे एक और तरीक़े से भी सामान्य थे—उनमें लड़ाई-झगड़े भी होते थे। उनकी ज़्यादातर बातचीत इस बारे में होती थी कि उनके वैवाहिक जीवन में कितनी ख़ामियाँ हैं और इसका दोषी कौन है।

फिर एक दिन एक बहुत असामान्य घटना हुई।

लैरी ने एन से कहा, 'एन, तुम जानती हो, मेरे पास एक जादुई दराज़ है। जब भी मैं इसे खोलता हूँ, वह साफ़ मोज़े और अंडरवियर से भरा होता है। इतने सालों से यह काम करने के लिए धन्यवाद।'

एन ने अपने पति को घूरकर देखा और पूछा, 'तुम्हें मुझसे क्या चाहिए, लैरी?'

'कुछ नहीं। मैं तो सिर्फ़ तुम्हें यह बताना चाहता हूँ कि मैं अपनी जादुई दराज़ के लिए तुम्हारा आभारी हूँ।'

लैरी पहले भी कई अजीब हरकतें कर चुका था, इसलिए एन इस घटना को भूल गई, लेकिन कुछ समय बाद ही ऐसी एक और घटना हुई।

'एन, इस महीने लेज़र में इतने सारे सही चेक नम्बर लिखने के लिए धन्यवाद। तुमने 16 में से 15 नम्बर सही लिखे हैं। यह एक रिकॉर्ड है।'

एन को इस बात पर यक़ीन नहीं हुआ और वह अपनी सिलाई-कढ़ाई छोड़कर अपने पति की तरफ़ देखने लगी। उसने कहा, 'लैरी, तुम तो हमेशा शिकायत करते रहते थे कि मैं लेज़र में ग़लत चेक नम्बर लिखती हूँ। अब ऐसा क्यों नहीं कर रहे हो?'

'इसका कोई कारण नहीं है। मैं तो सिर्फ़ तुम्हें यह बताना चाहता हूँ कि मैं तुम्हारे काम की क़द्र करता हूँ।'

एन ने अपना सिर हिलाया और फिर से सिलाई-कढ़ाई करने लगी। उसने बड़बड़ाते हुए सोचा, 'उसे आख़िर हो क्या गया है?'

बहरहाल, अगले दिन जब एन ने जनरल स्टोर में चेक काटा, तो उसने अपनी चेकबुक को ग़ौर से देखा कि उसने सही चेक नम्बर तो लिखा है। उसने सोचा, 'अचानक मुझे चेक नम्बरों की इतनी परवाह क्यों होने लगी?'

एन ने इस घटना को नज़रअन्दाज़ करने की कोशिश की, लेकिन लैरी का अजब व्यवहार बढ़ता ही चला गया।

एक शाम को लैरी बोला, 'एन, आज का डिनर बहुत बढ़िया था। मैं तुम्हारी पाककला की तारीफ़ करना चाहता हूँ। मुझे लगता है, पिछले पन्द्रह सालों में तुमने मेरे और बच्चों के लिए कुल मिलाकार 14,000 से ज़्यादा लंच और डिनर बनाए होंगे।'

फिर उसने एक बार, 'एन, आज घर बहुत चमक रहा है। घर को इतना साफ़ रखने के लिए तुमने सचमुच बहुत मेहनत की होगी।' और यह भी, 'एन, तुम्हारे साथ रहना बहुत सुखद अनुभव है।'

एन चिन्तित होने लगी। उसने सोचा, 'अब वह ग़लतियाँ क्यों नहीं बता रहा है? अब वह आलोचना क्यों नहीं कर रहा है?'

एन अपने पति के अजीब व्यवहार के बारे में सोचने लगी। उनकी 16 साल की बेटी शेली को भी अपने डैडी का व्यवहार अजीब लग रहा था। उसने अपनी माँ से कहा, 'मम्मी, डैडी पागल हो गए हैं क्या? उन्होंने अभी-अभी मुझसे कहा कि मैं अच्छी दिखती हूँ। इतने सारे मेकअप और इतने घटिया कपड़ों के बावजूद उन्होंने यह बात कही। डैडी पहले तो बहुत मीन-मेख निकाला करते थे, मम्मी? अब उन्हें क्या हो गया है? क्या गड़बड़ हो गई है?'

गड़बड़ चाहे जो भी थी, लैरी ने उसे दूर नहीं किया। हर दिन वह सिर्फ़ सकारात्मक पहलू पर ध्यान देता रहा।

कई सप्ताह बाद एन अपने पति के असामान्य व्यवहार की आदी हो गई और कभी-कभार उसे 'धन्यवाद' भी देने लगी। वह इस बदलाव से ख़ुश थी। बहरहाल, एक दिन तो इतनी अजीब घटना हुई कि वह दंग रह गई।

लैरी ने उससे कहा, 'आज तुम आराम कर लो। बर्तन मैं साफ़ कर दूँगा। फ्राइंग पैन को छोड़ो और किचन से बाहर चली जाओ।'

लम्बी ख़ामोशी!!! 'धन्यवाद लैरी। बहुत-बहुत धन्यवाद।'

एन का उत्साह और आत्मविश्वास अब बढ़ गया था और वह कभी-कभार गुनगुनाने भी लगी थी। अब उसका मूड पहले जितना ख़राब नहीं रहता था। वह सोचने लगी, 'मुझे लैरी का नया व्यवहार पसन्द आया।'

कहानी यहीं पर ख़त्म हो जाती, लेकिन एक दिन एक और असामान्य घटना हुई। इस बार असामान्य बात एन ने कही थी।

उसने कहा, 'लैरी, मैं तुम्हें धन्यवाद देती हूँ कि तुम इतने सालों से परिवार के लिए मेहनत कर रहे हो और हमारी सुख-सुविधा का ध्यान रख रहे हो। मैं यह बात तुम्हें पहली बार बता रही हूँ कि मैं इसके लिए तुम्हारी बहुत सराहना करती हूँ।'

हालाँकि एन ने बहुत कोशिश की, लेकिन लैरी ने कभी अपने व्यवहार में हुए नाटकीय परिवर्तन का कारण नहीं बताया। यह एक अनसुलझा रहस्य ही बना रहेगा। लेकिन मैं इसके लिए ज़िन्दगी भर शुक्रगुज़ार रहूँगी।

क्योंकि एन मैं ही हूँ।

—जो एन लार्सन
डेसरेट न्यूज़

पति-पत्नी अपने प्रेम को ज़िन्दगी भर कैसे क़ायम रखें

प्रेम में पड़ने का एहसास एक तरह से जन्नत में होने का एहसास देता है। प्रेमी एक-दूसरे के पीछे पागल होते हैं। खाना खाते, पानी पीते, उठते-बैठते, सोते-जागते, दौड़ते-भागते हर जगह, हर वक़्त बस वही हमें दिखाई देता है। उसी का ख़याल हमें रहता है। उसी की फ़िक्र हमें रहती है। करवटें बदलते हुए एक-दूसरे के बारे में सोचते रहते हैं। हम उससे मिलने के लिए बेकरार रहते हैं। हमारी नींदें उड़ जाती हैं।

एक साथ होने पर उन्हें लगता है कि एक-दूसरे का हाथ थामते हैं तो ऐसा लगता है जैसे उनके दिल एक साथ धड़क रहे हों, उनके दिमाग़ एक साथ मिलकर एक नई तरंग का निर्माण कर रहे हों, बिलकुल रूमानी एहसास। ऐसा लगता है जैसे वे दो बदन एक जान हो गए हैं।

जो भी व्यक्ति प्रेम में होता है उसे यह भ्रम हो जाता है कि उसकी प्रेमिका

दुनिया की सबसे अच्छी और सबसे सुन्दर लड़की है। उसके माता-पिता, और भाई-बहन उसकी प्रेमिका में कमी देख सकते हैं, पर प्रेमी को उसमें कोई कमी नज़र नहीं आती। उसके दोस्त भी उसमें कमियाँ देख सकते हैं पर वे उसे तब तक नहीं बताते जब तक वह ख़ुद इस बारे में उनसे न पूछे। इस बात के अवसर बहुत कम आते हैं कि अपनी प्रेमिका के बारे में वह अपने दोस्तों की राय लेगा, क्योंकि उसकी नज़र में तो वह परफ़ेक्ट बन्दी है। वह उसकी ड्रीम गर्ल है और इसलिए वह दूसरों की राय की परवाह नहीं करता। वह कहता है कि उसकी प्रेमिका को बस वही जानता है बाक़ी को उसके बारे में कोई जानकारी नहीं है या कोई ग़लत जानकारी है।

प्रेम की दीवानगी के समय प्रेमिका को भी यही लगता है कि उसका प्रेमी ही सबसे सुन्दर, सबसे काबिल, सबसे अच्छा और परवाह करने वाला युवक है। लोग अगर उसके बारे में ग़लत सोचते भी हैं, तो वह उसे नज़रअन्दाज़ कर देती है और प्रेमी को सबसे सरल, सभ्य और अच्छा व्यक्ति मानती है। वह कहती है कि लोग उससे जलते हैं या उसके बारे में ग़लत धारणा रखते हैं। वे उसे इतनी अच्छे से कहाँ जानते होंगे जितना मैं उसे जानती हूँ।

शादी से पहले प्रेमी और प्रेमिका एक स्वप्नलोक में होते हैं। वे सोचते हैं कि—'हम एक-दूसरे को पूरी तरह ख़ुश रखेंगे। दूसरे युगल लड़-झगड़ सकते हैं पर हम ऐसा कभी नहीं करेंगे, हम एक-दूसरे से सच्चा प्यार जो करते हैं उन्हें क्या पता कि सच्चा प्यार होता क्या है? उनका प्रेम जल्दी ही नफ़रत में बदल गया क्योंकि उन्हें कभी सच्चा प्रेम हुआ ही नहीं था... आदि।'

प्रेमियों को यह यक़ीन होता है कि सच्चा प्रेम हमेशा कायम रहता है। उनके प्रेम में हमेशा वही अद्भुत रोमांच और खुमार बना रहेगा जो शुरुआत के वक़्त है। उनके बीच कोई भी, कभी भी नहीं आ सकता। एक-दूसरे के प्यार से बढ़कर उनके लिए और कोई भी चीज़ कभी नहीं हो सकती। हाँ, कुछ भी नहीं। वे एक-दूजे के आकर्षण में बँधे होते हैं। उनका प्रेम उनकी ज़िन्दगी का सबसे अद्भुत एहसास उन्हें लगता है। वे कहते हैं कि 'उनके परिचित कई प्रेमियों का प्रेम शादी के बाद कम हो गया है पर उन्हें यह पक्का यक़ीन होता है कि ऐसा उनके साथ नहीं होगा, हो सकता है उन युगलों का प्रेम उनकी तरह सच्चा नहीं था।'

प्रिय युगलो अब विवाह की असली दुनिया में आपका स्वागत है, जहाँ कंधे में हमेशा बालों का गुच्छा मिल जाता है और जहाँ झगड़े इस बात पर शुरू होते हैं कि गीला टॉवेल सोफ़े या बेड पर नहीं होना चाहिए याद कीजिए, रानी मुखर्जी और शाहरुख खान की फ़िल्म 'चलते-चलते' के सीन जिसमें वे दोनों शादी के बाद इन्हीं छोटी-छोटी बातों पर लड़ते-झगड़ते हैं। वह फ़िल्मी सीन काफ़ी कुछ सच्चे हैं। पंखा तेज़ होना चाहिए या धीमा, बाथरूम गन्दा क्यों छोड़ा, आज यह शर्ट या यह साड़ी क्यों पहनी, तुम मेरी बात पर ध्यान क्यों नहीं देते हो, तुमने मोबाइल, मेल या सोशल मीडिया अकाउंट का पासवर्ड मुझसे छिपाकर क्यों रखा... आदि। विवाह के बाद की यह एक ऐसी दुनिया है जहाँ पर हमेशा पानी के गिलास में कचरा, माशूका के रेशमी बाल अब चेहरे पर खुजली पैदा करते हैं, खाने में आने पर उबकाई आती है, चाय के कप पर लगी लिपस्टिक को अब चूमा नहीं जाता बल्कि उसको मुद्दा बनाकर जंग की जाती है, शर्ट की कॉलर हमेशा साफ़ नहीं धुलती, चाय अब उतनी स्वादिष्ट नहीं बनती और खीर

में मिठास नहीं होती। अब उनकी तिरछी नज़र टेढ़ी नज़र लगती है और लफ़्ज़ दिल को चीरने वाले खंजर। प्रेमी-प्रेमिका कट्टर शत्रु बन सकते हैं और विवाह युद्ध का मैदान बन सकता है। प्रेमी और प्रेमिका विवाह के दंगल के अब दो लड़ाके बन सकते हैं।

उस प्रेम को दीवानगी का क्या हुआ? क्या हुआ उनके कसमों और वादों का? क्या वह दीवानापन सिर्फ़ छलावा था, मृग-मरीचिका थी, जिसने उन्हें विवाह की खाई के मुहाने पर लाकर खड़ा कर दिया। कोई हैरानी की बात नहीं है कि जिस जीवनसाथी को कुछ साल पहले तक वे बेइंतहा मोहब्बत करते थे, उसके साथ जीने-मरने की कसमें खाते थे, उसी के नाम को आप बार-बार कोसते हैं। जिस शादी के लिए आप मचले जा रहे थे, उसी से अब पीछा छुड़ाने की बातें सोचने लगते हैं। हाँ, तलाक़ अब आपको अपने दु:खों की दवा नज़र आने लगी है और वकील एक चिकित्सक।

प्रिय युगलो एक सत्य को स्वीकार करें, 'यह भ्रम है कि 'प्रेम की दीवानगी' ज़िन्दगी भर चलती रहेगी।' हमें इश्क़ की हक़ीक़त पता होनी ही चाहिए थी। सामान्य सोच-विचार और विज्ञान से हमें यह ज्ञान हो जाना चाहिए था कि अगर सभी लोग प्यार में पागल बने रहते, तो हम सब बड़ी मुश्किल में फँस गए होते। दुनिया में कोई काम ही नहीं होता। हम किसी के बारे में कुछ नहीं सोचते और दुनिया में कोई खोज ही नहीं हुई होती। सोचिए, न्यूटन, आइंस्टाइन और मैडम क्यूरी प्रेम में दीवाने हुए रहते तो क्या गुरुत्वाकर्षण, सापेक्षता का सिद्धान्त और रेडियम की खोज हो पाती? नहीं, बिलकुल नहीं। क्या सिकंदर विश्वविजयी बन पाता? क्या हमारा देश भारत आज़ाद हो पाता अगर हमारे स्वतंत्रता सेनानी देशप्रेम के बजाय सिर्फ़ अपनी प्रेमिका से प्रेम कर रहे होते तो?

मनोविश्लेषक एम स्काट पेक और मनोवैज्ञानिक डोरोथी तेनोव सहित कई और शोधकर्ताओं ने यह निष्कर्ष निकाला है कि प्रेम की दीवानगी के अनुभव को प्रेम का नाम दिया ही नहीं जाना चाहिए। डॉ. पेक के अनुसार प्रेम की दीवानगी को तीन कारणों से सच्चा प्रेम नहीं कहा जा सकता है। इश्क़ में पड़ना हमारे हाथ में या वश में नहीं होता। इसमें हमारी इच्छा या चुनाव की सचेतन मस्तिष्क प्रक्रिया काम नहीं करती। कोई प्रेम में पड़ना चाहते हुए भी प्रेम में नहीं पड़ सकता, चाहे वह इसके लिए कितनी ही कोशिश क्यों न करे? दूसरी तरफ़, कोई प्रेम में पड़ने से कितना भी बचे, पर वह प्रेम में पड़ ही जाता है। ज़्यादातर बार लोग अचानक ही, बेवक़्त, अनजाने और अनचाहे ही किसी के प्रेम में पड़ जाते हैं।

चाहे हम डॉ. पेन से सहमत हों या न हों, जो भी प्रेम की दीवानगी में पड़े हैं और इससे उबरे हैं वे इस बात से ज़रूर इत्तेफ़ाक़ रखते होंगे कि प्रेम का अनुभव हमें एक ऐसे अनूठे भावनात्मक आकाश में ले जाता है जिसका हमने इससे पहले कभी भी एहसास नहीं किया था। इस एहसास से हमारी तर्क करने की क्षमता प्रभावित होती है और हम ख़ुद को ऐसी हरकतें करते और ऐसी बातें कहते हुए पाते हैं जो हम सामान्य अवस्था में कर ही नहीं सकते।

हक़ीक़त में, जब हम अपने प्रेम की दीवानगी के नशे से उबरते हैं तो हम अक्सर सोचते हैं कि हमने ऐसा क्यों किया। जब इश्क़ की दीवानगी के परों की उड़ान थमती है और हक़ीक़त की ज़मीन पर क़दम पड़ते हैं तो हमारे बीच के मतभेद उभरकर सामने आ जाते हैं और लगभग हम सभी ख़ुद से यह सवाल पूछते हैं हमने शादी की ही क्यों थी? क्या वाकई हमें शादी करनी चाहिए थी? और करनी ही थी तो इसी शख़्स से क्यों? उस शख़्स

से जिसकी हमसे एक बात पर भी नहीं बनती जबकि प्रेम की दीवानगी की ऊँची उड़ान के वक़्त हमें लगता था कि हम हर बात पर एकमत हैं।

अब क्या किया जाए? एक काम तो यह किया जा सकता है कि हम यथास्थिति को स्वीकार कर लें और ज़िन्दगी को एक कारावास मान लें। दूसरा काम यह कर सकते हैं कि हम जीवनसाथी से पीछा छुड़ाकर तलाक़ ले लें। इसके बाद तीसरा काम यह कर सकते हैं कि एक और साथी की तलाश में निकला जाए लेकिन यह भी जोखिम भरा ही है क्योंकि फिर आपको उसी दीवानगी की अवस्थाओं से गुज़रना ही पड़ेगा। और अमेरिका के आँकड़ों को देखें तो हम पाएँगे कि वहाँ पहली शादियों में से 10 प्रतिशत तलाक़ में समाप्त होती हैं। इसी तरह दूसरी शादियों का 60 प्रतिशत और तीसरी शादियों का 75 प्रतिशत तलाक़ पर ख़त्म होता है। इसका मतलब यह है कि आप जब एक साथी को छोड़कर दूसरे की तरफ़ बढ़ेंगे उसके भी छूटने का जोखिम आँकड़ों को देखें तो और ज़्यादा होगा। पहले की तुलना में दूसरे विवाह के टूटने का जोखिम आँकड़ों के नज़रिए से देखें तो 50 प्रतिशत अधिक होता है। आँकड़े तो आपके एक और साथी में विवाह की सफलता की तलाश करने का समर्थन नहीं करते।

लेकिन ख़ुशी की बात है कि एक और बेहतर विकल्प है। वह यह कि हम प्रेम की दीवानगी की हक़ीक़त को स्वीकार कर लें, यह मान लें कि यह क्षणिक भावनात्मक आवेग है और इसके बाद अपने जीवनसाथी के साथ असली प्रेम की शुरुआत करें। इस तरह का प्रेम भी भावनात्मक प्रकृति का ही होता है लेकिन यह दीवानगी की श्रेणी में नहीं आता। यह प्रेम, बुद्धि और भावना के तालमेल से उत्पन्न होता है। यह इच्छा और तर्क से किया जाने वाला प्रेम है।

यह बात स्वीकार करें कि हमारी सबसे मूलभूत भावनात्मक ज़रूरत इश्क़ की दीवानगी नहीं है, बल्कि हमारे जीवनसाथी द्वारा सचमुच चाहा जाना है। वह चाहत जो केवल भावनाओं और इंद्रियों के आवेगों द्वारा नहीं बल्कि तर्क और बुद्धि द्वारा विकसित होती है।

इस तरह के प्रेम में सचेतन मस्तिष्क के प्रयास और अनुशासन की ज़रूरत होती है। अपने प्रेम और विवाह को सफल बनाने के लिए हर प्रेमी इस बात को स्वीकार कर ले कि 'सच्चा प्रेम तब तक शुरू हो ही नहीं सकता जब तक कि उनके प्रेम या मोहब्बत की दीवानगी ख़त्म नहीं हो जाती।'

●●●

आभार

उन सभी दार्शनिकों, शोधकर्ताओं एवं लेखकों का आभार, जिन्होंने स्त्री-पुरुष सम्बन्धों पर अपने ज्ञान के माध्यम से पूरी दुनिया का मार्गदर्शन किया। उन सभी स्त्री-पुरुषों का भी आभार जिन्होंने अपने मन के उद्वेग, विचार एवं मनोभावों को शोधकर्ताओं को बताए तथा यह ज्ञान पीढ़ियों में स्थानान्तरित हुआ।

मेरे मित्रों और मेरे रिश्तेदारों का भी आभार जिनके व्यवहार को समझे बग़ैर पूरी दुनिया का व्यवहार समझना नामुमकिन है, अर्थात व्यवहार समझने के लिए ये मेरी प्राथमिक पाठशालाएँ हैं।

मेरे रोगियों का भी हृदय से आभार क्योंकि 100 से 200 लोगों से प्रतिदिन मिलना भी किसी महान पाठशाला से कम नहीं है।

हृदय से आप सभी का आभारी!